Frank Mangelsdorf (Hrsg.)

# UNSER KLEIST

*60 Schriftsteller, Künstler und Wissenschaftler über den Dichter aus Frankfurt (Oder)*

CULTURCON *medien*

Dieses Buch erscheint in der Reihe **Edition Brandenburg**
der Märkischen Oderzeitung und CULTURCON medien.

ISBN 978-3-941092-64-8

Die Deutsche Nationalbibliothek verzeichnet diese Publikation in der
Deutschen Nationalbibliografie; detaillierte bibliografische Daten
sind im Internet über http://dnb.d-nb.de abrufbar.

**CULTURCON medien**
Bernd Oeljeschläger

Choriner Straße 1, 10119 Berlin
Telefon 030/34398440, Telefax 030/34398442

Ottostraße 5, 27793 Wildeshausen
Telefon 04431/9559878, Telefax 04431/9559879

www.culturcon.de
www.edition-brandenburg.de

**MOZ Redaktion GmbH**
Projektleitung: Andreas Oppermann
Redaktion: Ulrike Buchmann
Gestaltung: Mario Schrötz

**Druck**
Elbe Druckerei Wittenberg GmbH

Berlin/Wildeshausen 2010
Alle Rechte vorbehalten.

Mit freundlicher Unterstützung von

| | |
|---|---|
| *Vorwort* | 5 |
| *Einführung* | 6 |
| | |
| Achim von Arnim *Er tut mir doch leid* | 10 |
| Peter Atanassow *Der unkompatible Geist* | 12 |
| Jörg Aufenanger *Die Macht der Musik* | 14 |
| Dorit Bearach *Gedanken zu Kleist* | 16 |
| Clemens Brentano *Der arme, gute Kerl* | 18 |
| Oliver Bukowski *Pracht in jeder Zeile* | 19 |
| Michael Georg Conrad *Zum 21. November 1911* | 23 |
| Friedrich de la Motte Fouqué *Sein schmerzliches Schicksal* | 25 |
| Hinrich Enderlein *Versöhnung von Grazie und Bewusstsein* | 27 |
| Gotthard Erler *Blick auf den Dichter durch Fontane geschärft* | 29 |
| Theodor Fontane *Ein dramatisiertes Märchen* | 32 |
| Theodor Fontane *Ein Lesestück* | 33 |
| Eva Förster *Picknick am Wannsee* | 34 |
| Wieland Förster *Heinrich von Kleist, ein heilloser Dichtergott aus Preußen* | 35 |
| Hans-Joachim Frank *Grüne Socken für Kleist!* | 39 |
| Egon Friedell *Gigantische Einmaligkeit* | 42 |
| Wilhelm Genazino *Verinnerlichte Ohnmacht* | 44 |
| Torsten Gesser *Wie man Marionetten tanzen lässt* | 47 |
| Johann Wolfgang Goethe *Unsichtbares Theater* | 49 |
| Dieter Goltzsche zur „Die Verlobung von St. Domingo" | 50 |
| Astrid Griesbach *Diese blödsinnige Gerechtigkeit* | 51 |
| Wilhelm Grimm *Merkwürdige Geschichte eines Roßhändlers* | 53 |
| Diether Jäger *Kein Bild ist endgültig, kein Satz nur in eine Richtung interpretierbar* | 54 |
| Franz Kafka *Eine Geschichte, die ich mit wirklicher Gottesfurcht lese* | 57 |
| Katrin Kampmann zu „Die Marquise von O..." | 58 |
| Klabund *Fessel und Entfesselung* | 59 |
| Oliver Kluck *Kleist und „seine" Stadt* | 61 |
| Guido Gin Koster *Am Ende hat man von der alten Welt genug* | 63 |
| Karsten Krampitz *Er macht seine Leser zu Komplizen* | 68 |
| Günter Kunert *Strange Encounter of the First Kind oder Eine Begebenheit aus den Tagen vorm Kriege* | 70 |

| | |
|---|---:|
| Tanja Langer „*Die Welt ist groß, man kann sich leicht in ihr verlieren*" | 72 |
| Heinrich Laube *Ein frischer Ernst* | 75 |
| Rahel Levin *Er war wahrhaft und litt viel* | 77 |
| Robert Löhr *Kleistpark* | 79 |
| Hans-Jochen Marquardt *Wie nenn ich Dich?* | 81 |
| Bernd Mottl *Absolut zeitnah* | 83 |
| Adam Müller *Zum Tode Heinrich von Kleists* | 85 |
| Armin Münch zu „*Die Herrmannsschlacht*" | 88 |
| Emine Sevgi Özdamar *Meine Kindheit hatte keinen Kleist* | 90 |
| Emerita Pansowova *Die Augen nach innen gekehrt* | 93 |
| Armin Petras *Radikal und niemals kitschig* | 95 |
| Arno Pielenz *Hätte Kleist den Kleist-Preis gewonnen?* | 97 |
| Monika Radl *Kleist-Erscheinung* | 101 |
| Karin Reschke *Phantombild eines Dichters* | 104 |
| Rainer Maria Rilke *An Heinrich von Kleists wintereinsamem Waldgrab in Wannsee* | 106 |
| Ilse Ritter *Liebesszenen zum Niederknien* | 107 |
| Roland Rother *Wegezeichen* | 109 |
| Miriam Sachs *Ein berserkerhafter Typ* | 111 |
| Hans-Georg Schede *Für ihn stand immer alles auf dem Spiel* | 115 |
| Hans Scheib *Ein Radikalinski in begnadeter Hand* | 116 |
| Frank Soehnle *Kluges Gleichnis für Mensch und Material* | 118 |
| Ludwig Speidel *Genährt von den besten Säften der Wirklichkeit* | 120 |
| Sabin Tambrea *Forschen mit geöffnetem Herzen* | 122 |
| Karl August Varnhagen von Ense *Eine herrliche Dichterseele* | 125 |
| Sybil Wagener *Am Rand des Alltags lauert der Wahnsinn* | 126 |
| Christiane Wartenberg & Ulrich Karlkurt Köhler *Ein grafischer Dialog zu Kleists Penthesilea* | 129 |
| Jakob Wassermann *Heinrich von Kleist* | 132 |
| Gerhard Wienckowski *Er stößt ans Universum* | 138 |
| Barbara Wilk-Mincu *Eine Lebensaufgabe* | 141 |
| Heinrich Zschokke *Erinnerung an Kleist* | 142 |
| *Anhang* | 144 |

VORWORT

Das Schicksal großer Künstler oder Wissenschaftler ist nicht selten, zu Lebzeiten nicht gebührend Anerkennung zu finden. Sie leiden oft an Armut, sterben früh; und der Nachwelt bleibt es dann vorbehalten, sich ihrem Werk zu widmen und den Ruhm zu mehren. Das gilt auch für einen der größten deutschen Dichter – für Heinrich von Kleist.

Zweihundert Jahre nach seinem Tod wirbt die „Kleist-Stadt" Frankfurt (Oder) auf Schritt und Tritt für den großen Sohn. (Und das, obwohl Kleist schrieb, er wolle lieber den Tod erleiden, als noch einmal die Gefühle erfahren, die er bei seinem letzten Besuch in der Stadt an der Oder empfand.) In seiner Geburtsstadt gibt es die Kleist-Festtage und einen Kleist-Förderpreis für junge Dramatik, ein Kleist-Denkmal und einen Kleist-Park, ein Kleist Forum und ein Kleist-Museum. Nach schier endlosen Querelen zwischen Stadt, Land und Bund beginnt 2011 doch noch der lange geplante Museumsanbau, der nach der Fertigstellung auch die Geschäftsstelle der Heinrich-von-Kleist-Gesellschaft beherbergen wird.

Soweit die Pflege des Erbes. Doch was weiß der Bürger heute von diesem Dichter? 200 Jahre nach dessen Tod locken seine Werke ohne Unterbrechung Zuhörer, Leser und Zuschauer zu Theatergastspielen, Ausstellungen, Diskussionen und Lesungen. Manche Mitbürger werden sogar Laienschauspieler in dem noch heute gespielten „großen historischen Ritterschauspiel" des „Käthchen von Heilbronn". Die Aufführungsserien sämtlicher Stücke des Dramatikers an den Bühnen zwischen Recklinghausen, Berlin und Hamburg zeugen zudem von der Lebendigkeit seines Werkes.

Innerhalb von sechs Monaten hat die ebenfalls aus Frankfurt (Oder) stammende Märkische Oderzeitung täglich Auszüge aus den Berliner Abendblättern gedruckt, die Kleist von Oktober 1810 bis März 1811 veröffentlichte, und so einen Eindruck vermittelt von der „ersten unabhängigen Tageszeitung" Berlins, deren Herausgeber Kleist war. Gleichzeitig durchstöberten wir die Archive und baten Schriftsteller, Künstler und Wissenschaftler, an Leben und Werk des Dichters zu erinnern, es neu zu sehen und zu bewerten. Die Resonanz war groß. Wir freuen uns, Ihnen auf den folgenden Seiten einen Querschnitt der uns zugesandten und interessanten früheren Arbeiten vorlegen zu können.

*Frank Mangelsdorf,*
*Chefredakteur der Märkischen Oderzeitung*

EINFÜHRUNG

# *Ein anscheinend vermurkstes Leben*

Ein phlegmatischer Stotterer war Heinrich von Kleist, ein Faulpelz und Schmarotzer, ein Asozialer und ein Herumtreiber, ein Macho, ein überdrehter Egomane, der erst eine kranke Frau erschießen musste und dann sich selbst, damit es endlich etwas wurde mit seinem Ruhm. Denn als er noch lebte, galt er als ein aus allen Rollen gefallener literarischer Feuerteufel, der zwei Zeitungen mit Galopp in den Ruin ritt, der Theaterstücke schrieb, aus denen entweder das Blut triefte oder die die bestehende Ordnung so beleidigten, dass sie niemand aufführen wollte. Mit Ausnahme von Goethe, aber der hatte den „Zerbrochnen Krug" so gründlich in Grund und Boden inszeniert, dass das Stück auf absehbare Zeit durchgefallen war. Kleist ließ auf der Bühne die verliebten Seelen von Frauen, Hunden und Bären zerfleischen und Vergewaltigungsopfer zerstückeln. In seinen Novellen baute er die schönsten Paradiese auf, nur um sie mit entfesselter Gewalt niederzureißen und dabei regelmäßig Kinder und liebliche Frauen besonders grausam sterben zu lassen. Das klingt nach einem ziemlich kranken poetischen Konzept, nach einem zusammenfantasierten Auswuchs, der ohne Schaden für die Literaturgeschichte in deren Grüften hätte dahinmodern und langsam vergessen werden können, wenn es Kleist nur um gut vermarktbaren Grusel gegangen wäre.

Doch dieses anscheinend so vermurkste Leben hat in seinen Affekten eine Literatur ausgeschwitzt, die nach 200 Jahren noch längst nicht abgenutzt ist, die noch immer Herzen rasen lässt, die noch immer mit heißer Nadel in Hirn und Seele sticht. 200 Jahre, und noch immer ist diese Glut nicht erloschen, obwohl sich die Verhältnisse so gründlich geändert haben seitdem. Aber die Menschen nicht, genauso wenig wie deren Abgründe zugeschüttet sind. Von seinem poetischen Olymp hat Goethe über sie die Parole des edlen, hilfreichen, guten Menschen hinweggerufen. Aber Kleist ist in die Kloaken hinuntergestiegen und hat dort so tief und so gründlich geschürft wie keiner vor und wie lange keiner nach ihm. Seine Dramen und seine Prosa sind nicht die Werke eines sadistischen Irrgeistes, sie sind nur ein Substrat dessen, was Kleist in diesen Schlünden fand, aus denen auch in den vergangenen zwei Jahrhunderten die widerlichsten Bestien herausgeklettert kamen. Es gehört Courage dazu, in die Welt hinauszurufen, was sie vor sich selbst unbedingt verstecken will. Kleist hat gegen diese Mauer des Selbstbetrugs angeschrien, bis ihm die Stimme versagte, weil dieser unbequeme Autor mit politischem Kalkül ausgehungert wurde.

Der 1777 in Frankfurt (Oder) geborene Kleist, der aus einem alten pommerschen Adelsgeschlecht stammte, das Brandenburg-Preußen von Generation zu Generation tüchtige Offiziere schenkte, war früh zum Militär gekommen, ein Kindersoldat, der mit der Gewissheit erzogen wurde, einer Kriegerkaste zu entstammen, deren Aufgabe es ist, den Staat mit ihrem Leben zu beschützen. Kleist hat das eine Weile ertragen und sich dann um so gründlicher gegen dieses Schicksal aufgelehnt, Kriege führen zu müssen, die nur dem dienen, der sie von seinem Thron aus befiehlt. Außerdem war ihm der geistig so furchtbar verkümmerte Militärapparat zuwider. Gegen alle Tradition drückte er sein Leben in Bahnen, die bis dato für einen aus seinem Stand tabu waren und stellte sich damit bewusst ins gesellschaftliche Niemandsland. Er begann zu studieren, suchte ernstlich nach der letzten großen Wahrheit, die hinter allen Dingen steckt, doch als er Kant las und der ihm erklärte, dass der Mensch nie diese absolute, die göttliche Wahrheit finden werde, warf ihn das in eine schwere Krise. Es dauerte, bis er sich davon erholte, bis er einen Lebensentwurf fand, der ihm aus dieser Sackgasse half. Er dachte ernstlich daran, sich als Bauer in der Schweiz niederzulassen und probierte sich eher unmotiviert im Staatsdienst aus.

Er reiste viel, aber reisen hieß bei ihm immer auch flüchten. Und er schrieb. Endlose Briefe an seine Verlobte Wilhelmine von Zenge zum Beispiel, in denen er sich als Lehrer und Welterklärer aufspielte und an seine Halbschwester Ulrike, die ihn solange finanzierte, bis sie selbst pleite war. Seine Briefe sind ganz besondere Ware, sind längst nicht nur persönliche Mitteilungen, sondern als persönliche Mitteilungen getarntes literarisches Knetwerk, mit denen er adaptierte, was ihn an poetischen und philosophischen Vorbildern tief bewegte. Diese Briefe sind die Geburtshelfer für den Dichter Kleist.

Und der wird zum literarischen Sonderfall. Seine Sprache, die geformt ist mit der höchsten Sensibilität für Rhythmus und Melodie, hat keine Vorbilder und die Nachahmer lassen lange auf sich warten. Wie enge Maschen häkelt er seine Schachtelsätze ineinander, verdichtet Zeit und Handlung auf genialische und so kunstvolle Weise, dass dieser Konzentration eine rauschhafte Dichtung entwächst. Das hat zu seiner Zeit niemand vermocht. Was konnte sein Publikum damals anders, als mit Kleists Talent und seiner Kompromisslosigkeit überfordert zu sein? So fielen für den Schriftsteller, der die Verachtung seiner Familie in Kauf nahm, weil er nicht blind der Konvention, sondern fühlend einer selbst gewählten Bestimmung folgte, nach und nach alle Türen zu. Und als er die letzte vor sich verriegelt glaubte, hat er am 21. November 1811 am Kleinen Wannsee erst seine schwerkranke Freundin Henriette Vogel und dann sich umgebracht.

Das ist aber nicht das Ende des Dichters Kleist. Bei aller Tragik seines Lebens bleiben Texte von einer sprachlichen Expressivität, die dazu auffordert, sich jeder Contenance zu verweigern, hemmungslos zu sein, kein Gefühl in sich einzugraben und ungeniert loszubrüllen, wenn einem danach zu Mute ist, Texte, die wie ein Pflug durchs Gemüt gehen. „Ein Buch", hat Franz Kafka gesagt, „muss die Axt sein für das gefrorene Meer in uns." Zu den besten und schärfsten dieser Äxte, die je in deutscher Sprache geschmiedet wurden, gehören die Heinrich von Kleists.

Wie seine Kunst heute Menschen bewegt, die sich auf der Bühne, in ihren Filmen oder in ihren Büchern mit diesem Mann und seinem Genie auseinandersetzen, wie dieser Dichter noch immer Künstler erregt, begeistert und verstört und wie modern er geblieben ist, möchten wir Ihnen 200 Jahre nach Kleists Tod mit diesem Buch nahebringen.

*Uwe Stiehler*
*Kulturredakteur der Märkischen Oderzeitung*

*Der Grabstein des Autors am Kleinen Wannsee in Berlin.*

 Der Dichter **Achim von Arnim** (1781–1831) gilt als einer der wichtigsten Vertreter der deutschen Romantik. Mit Clemens Brentano gab er die Volksliedersammlung „Des Knaben Wunderhorn" heraus, deren erster Band 1805 erschien. Achim von Arnim arbeitete auch für Kleists „Berliner Abendblätter". Er heiratete 1811 Bettina Brentano und lebte fortan meist auf seinem Gut in Wiepersdorf.

ACHIM VON ARNIM

# Er tut mir doch leid

*An Wilhelm Grimm*

*Frankfurt am Main, 6. Dezember 1811*

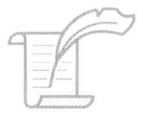 *Sage mir doch,* aus welchem Gesange der Edda ist folgende Stelle, die sich die verstorbene Günderode auf ihr Grab setzen ließ und die jetzt schon vom Regen verlöscht ist, Schlosser sagte mir, sie wäre aus der Edda: *„Erde, du meine Mutter, und du mein Ernährer, der Lufthauch,*

*heiliges Feuer, mir Freund, und du, o Bruder, der Bergstrom, und mein Vater, der Äther, ich sage euch allen mit Ehrfurcht freundlichen Dank, mit euch hab ich hienieden gelebet, und ich gehe zur andern Welt, euch gerne verlassend, lebt wohl denn, Bruder und Freund, Vater und Mutter, lebt wohl."*

Die Stelle klang mir in diesen Tagen wieder an, wo ich von Savigny, Du kennst seine Briefkürze, die immer das Beste vergißt, um das Notwendigste zu sagen, die traurige Nachricht erhielt, daß sich Kleist, nachdem er eine Frau Vogel, die ziemlich alt und häßlich, mit ihrem Willen erschossen, sich selbst mit der Pistole umgebracht hat.

Der arme Kerl, so wenig Freude mir seine störrische Eigentümlichkeit gemacht hat, er tut mir doch leid, er meinte es mit seiner Arbeit so ehrlich wie wenige, seine Erzählungen sind gewiß sehr brav, und seinem dramatischen Talente fehlte eigentlich nur ein Theater, das er geachtet hätte, indem es sich für ihn interessiert hätte.

Goethes unglückliche Wahl des „Zerbrochenen Kruges" zur Aufführung, als er aus Deutschland abwesend, der schlechte Erfolg dieser Aufführung hatten etwas Herbes in ihm zurückgelassen, ebenso der schlechte Erfolg des „Phöbus", der sich doch offenbar vor den meisten Journalen auszeichnete, zuletzt, wie ihm das Abendblatt durch den Minister, der es fürchtete, vernichtet wurde, Mangel mag auch mitgewirkt haben, genug, ursprünglich hat vielleicht keine Natur es so weit gehabt, so viel Stufen bis zu dieser Gewaltsamkeit übersteigen müssen. Im letzten Bande seiner Erzählungen soll eine ähnliche Geschichte stehen wie sein Tod, es ist ein Tod wie Wolfdieterich, als ihn die Gerippe aller derer totschlagen, die er einst umgebracht hatte.

*Aus „Schriftsteller über Kleist", mit freundlicher Genehmigung des Aufbau-Verlages*

PETER ATANASSOW

# Der unkompatible Geist

Was mich an Heinrich von Kleist primär interessiert, ist seine Außenseiterrolle. Kleist litt ungeheuer an seiner Umwelt – und andersrum litt die Umwelt an ihm. Zu Smalltalk war er nicht in der Lage, wenn er gesprochen hat, dann unverhältnismäßig laut, und er muss gestottert haben. Er wurde krank an der Gesellschaft, musste aber schreiben, um mit seiner Verzweiflung umzugehen.

Seine Werke polarisieren: Die einen sagen, er sei der größte deutsche Dichter, andere, dass seine Stücke unlogisch, unspielbar seien. Das interessiert mich als Regisseur, wir polarisieren ja auch mit unserem Gefängnistheater. Es gibt Leute, die sagen, es sei Hochkultur, andere Laientheater. Es herrscht ein Kastendenken vor, der in Off-Bereich und Hochkultur trennt. Diese Trennung ist etwas sehr Deutsches, und ich glaube, darunter hat auch Kleist schon gelitten. Das kann man erkennen, wenn man sich seine Biografie anguckt, wenn er seine Texte an Goethe geschickt hat und der befand: Das ist kein Theater für mich.

Das Nicht-Funktionieren-Können zieht sich durch all seine Stücke. Und da sind wir wieder beim Gefängnistheater und beim Knast: Wer im Knast sitzt, funktioniert ja nicht. Der Knast ist die Endstation. Hier wie bei Kleist geht es um diesen unkompatiblen Geist und das permanente Gekränktsein. Sich unverstanden fühlen ist etwas, was wir alle kennen, und was sich im Ein- und Ausgeschlossenwerden im Gefängnis gesellschaftlich abbildet. In der Justizvollzugsanstalt Tegel haben wir mit den Gefangenen „Michael Kohlhaas" inszeniert. Kohlhaas ist ja ein Terrorist. Sein eingebildetes Recht gegen alle Autoritäten durchsetzen zu wollen, hat etwas ungeheuer Individualistisches, was den Kleist heute so spannend macht. Mit der Männergesellschaft wie im „Kohlhaas" beschreibt er Zwangskollektive, deren kleinster gemeinsamer Nenner der Krieg, der Gegner ist – im Knast die Justiz. Das Rauswollen verbindet sie alle. Dass er den kleinsten gemeinsamen Nenner personifiziert – Kohlhaas, Achill, Penthesilea – spielt eine große Rolle. Fällt der weg, fällt alles auseinander. Die beiden Werke „Kohlhaas" und „Penthesilea" erzählen ganz viel über unsere heutige Zeit: Temporäre Gruppen binden sich an einen Mann oder eine Frau, und wenn die den Laden hinschmeißen, bricht alles auseinander. Das wird man auch bei den Projekten des Regisseurs Christoph Schlingensief sehen, und auch als Einar Schleef gestorben war, fiel alles auseinander.

Wie Kleist mit Krankheit umgeht, hat mich ebenfalls sehr berührt. Kleist sagte einmal: „Wenn die Maschine kaputt ist, ist sie kaputt." Es war typisch für ihn, sich nicht zu schonen und, wenn die Krankheit kommt, sich richtig reinfallen zu lassen. Sie als Teil von sich zu verstehen, sie auszuleben – Kleist war ja wochenlang, monatelang krank – das finde ich unheimlich mutig. Unsere heutige Zeit ringt uns das Funktionieren ab. Aber zu sagen: Ich kann heut nicht arbeiten, mir geht's schlecht, ich leide, dazu zu stehen, sich diesem permanenten Funktionierenmüssen zu verweigern, ist eine ganz wichtige Quelle für Künstler.

Das erste Mal bin ich Kleist übrigens in der Schule begegnet. Wir haben einen Auszug aus „Michael Kohlhaas" gelesen, das Gespräch zwischen Kohlhaas und Luther. Das ist mir im Gedächtnis geblieben, denn ich habe nichts verstanden. Das war so krude. Ich habe Jack London, Nikolai Ostrowski, Karl May und James Fenimore Cooper gelesen, dann plötzlich Kleist mit diesen Verschachtelungen. Das kam mir alles unheimlich gestelzt und seltsam vor. Als ich die Stelle später wieder gelesen habe, war die Erinnerung sofort da.

Dass wir Kleist im Gefängnistheater inszeniert haben, war eine pragmatische Entscheidung, auch weil 2011 Kleist-Jahr ist. Und irgendwann ist der Dichter einfach fällig für jeden, der sich mit Theater beschäftigt. „Kohlhaas" war klar für den Knast, und das Stück „Penthesilea" war wie ein Fieber; das kommt vor allem über den Sprachrhythmus.

Man kann fünf Stücke über den Stoff machen und immer noch das Gefühl haben, dass man eigentlich an diesem Kleist gescheitert ist.

**Peter Atanassow,** 1968 in Dresden geboren, ist Regisseur beim Berliner Gefängnistheater Aufbruch, das im Sommer 2010 „Michael Kohlhaas" und „Penthesilea" von Heinrich von Kleist aufführte. Er studierte an der Filmhochschule Potsdam-Babelsberg, arbeitete als Dokumentarfilmer, Schauspieler und Regisseur. Gefängnistheater macht er seit zehn Jahren, seit 2004 lebt er in Berlin.

JÖRG AUFENANGER

# Die Macht der Musik

Kaum war ich auf dem Weg zur Frankfurter Buchmesse, auf der ich mein Kleistbuch vorstellen sollte, an der U-Bahnstation Messe ausgestiegen, schallte sie mir schon entgegen. dachte ich, die Messeleitung empfängt mich mit klassischer Musik, mit Beethoven, natürlich aus dem Lautsprecher. Ich nahm die Rolltreppe zum Zwischendeck und oben angekommen, traute ich meinen Augen nicht. Es saß dort ein veritables Sinfonieorchester. Und es saß dort nicht nur, es spielte, Beethovens Dritte, die Eroica. Live! Einige Menschen standen herum in einem Rund, trauten sich nicht näher, als wäre das Orchester eine Chimäre und würde sich in Luft auflösen, träte man ihm zu nahe. Verblüffung war in den Gesichtern zu lesen. Freude, Demut, Respekt. Denn wer konnte damit rechnen, dass er am frühen Morgen des ersten Frankfurter Buchmessetags von einem Orchester empfangen würde. Die Menge wuchs an, kaum einer wagte es, vorüberzueilen, fast jeder wurde von der Musik in seinem Gang festgehalten. Als hätte sie auch die Zeit angehalten. Die Musik hatte Macht gewonnen über die Passanten.

Die Macht der Musik. Kaum hatte die Sinfonie geendet, Beifall hallte durch die U-Bahnstation, und die Menge zerstreute sich nur widerwillig, hoffte auf die Wiederkehr des frühmorgendlichen Wunders, da fiel sie mir ein, die Novelle Kleists über die Macht der Musik.

1810 hatte er sie geschrieben: „Die heilige Cäcilie oder die Gewalt der Musik." Eine Legende, erschienen in Kleists eigener Zeitung, den Berliner Abendblättern. Kleist erzählt in ihr ein Ereignis vom Ende des 16. Jahrhunderts in Aachen. Vier junge Leute aus Flandern verweilen als Gäste in der Stadt und beflügelt von der protestantischen Bilderstürmerei in ihrer Heimat, nehmen sie sich vor, die Fronleichnamsprozession am nächsten Tag zu stürmen und die Kirche der heiligen Cäcilie zu zerstören. Sie werben dafür einige Raufbrüder an und am Morgen sitzen sie in der Kirche, bereit ihr Handwerk zu tätigen. Da hebt Musik an, die einer italienischen Messe, Gloria in excelsis singen die Nonnen, zaubern damit „alle Himmel des Wohlklangs" in das Kirchenschiff. Die gewaltbereiten Männer erstarren, „nehmen plötzlich und auf eine auffallende Weise die Hüte ab". Der Anführer der Zerstörer fordert „nach einer erschütternden Pause", ausgelöst durch die Macht der Musik, seine gedungenen Kumpane auf, es ihm gleichzutun. Die Musik hat die Gewalt besiegt, hat die Männer bekehrt. Sie verlassen die Kirche nicht, stimmen immer wieder das Gloria an, werden es ihr ganzes Leben lang tun, konvertieren zum Katholizismus, werden dafür in ihrer Heimat für verrückt erklärt und sterben gar mit dem Gloria auf den Lippen.

Kleist hat die Gewalt der Musik selbst erfahren. Auf der Suche nach dem Sinn des Lebens und seiner eigenen Bestimmung, nachdem er aufgrund der Lektüre Kants den Glauben an die Wissenschaften verloren hatte, war er im Mai 1801 nach Dresden gekommen, hatte in der Bildergalerie das Marienbild Raffaels angestaunt, was ihn überlegen ließ, ob er wohl noch Künstler werden könne. Vor allem aber habe ihn die Musik in der katholischen Kirche betört, ein Genuss, für den man den Verstand nicht brauche, der nur auf Herz und Sinne wirke, berichtete er seiner Verlobten nach Frankfurt (Oder). Eine neue Welt von Schönheit war für ihn zum Tor in ein anderes Leben geworden. „Nirgends fand ich mich aber tiefer in meinem Innersten gerührt als in der katholischen Kirche, wo die größte, erhebendste Musik noch zu den anderen Künsten tritt, das Herz gewaltsam zu bewegen." Und mit einem Seufzer: „Ach nur ein Tropfen Vergessenheit und mit Wollust würde ich katholisch werden." Katholisch wurde Kleist nicht, aber die Begegnung mit der Malerei und vor allem mit der liturgischen Musik führt ihn auf einen neuen Weg. Er will Künstler werden, hat seine Bestimmung gefunden und wenig später entschließt er sich, Dichter zu werden.

Die Begegnung mit der Macht der Musik wird keinen der verwunderten und ergriffenen Zuhörer in der Frankfurter U-Bahn wie die Aachener Raufbrüder oder Kleist selbst dazu gebracht haben, das Leben zu ändern. Und doch: Als ich gegen Abend die Messe verlasse, lauere ich nach dem Orchester. Es ist nicht da. Hat es wirklich am Morgen dort gespielt? Nein, kein Zweifel, es hat gespielt. Wochen später höre ich die Musik, sehe ich die Musiker noch und diese Verführung durch die Musik hat auch mein Leben – und gar nicht einmal so wenig – geprägt. Sie ist zu einer Zäsur geworden, die mehr als nur eine Erinnerung bewirkt hat.

**Jörg Aufenanger**, 1945 in Wuppertal geboren, ist Theaterregisseur, Autor diverser Veröffentlichungen zu Philosophie und Literatur. Er schrieb Bücher über Goethe, Schiller, Heine und Grabbe. 2010 erschien sein Band „Vierzig Tage im Leben des Heinrich von Kleist". Jörg Aufenanger lebt in Berlin.

DORIT BEARACH

# Gedanken zu Kleist

Ausgeliefert sein, ... Recht haben und ausgeliefert sein...
Im Sinne der sozialen Ethik, nie eine Position der Bestimmung erreichen zu können, heißt ausgeliefert sein.
Das Opfer stellt sich selbst in Frage – die Sinnfrage – ist ausgeliefert sein.
Stellt die Gesellschaft die Sinnfrage im Sinne des Ökonomischen,
so heißt das ausgeliefert zu sein.
einfach, reduziert – wer mächtig ist, beschattet das Zarte ...
ein neuer Tag,
die Gesellschaft erhebt sich... eine unsichtbare Hand verbindet die einzelnen...
die Sehnsucht nach der Gemeinschaft, betrügerische Geborgenheit...
gebunden bleibt das Stroh, die Körner liegen einzeln verstreut...
und es entscheidet sich mit Regen, Erde und Wärme...
und dann auch im inneren Entschluss – bin ich Stroh oder Frucht
und es entscheidet sich vom Hungernden
oder Gelangweilten, ob das Früchtchen
den Regen, die Sonne oder Erde in sich aufnehmen kann.

Die Malerin und Grafikerin **Dorit Bearach**, 1958 in Israel geboren, lebt und arbeitet in Berlin-Friedrichshagen. Sie studierte an der Hochschule für Bildende Künste in Dresden. 2005 gewann sie den Ersten Preis des Brandenburgischen Kunstpreises der Märkischen Oderzeitung. Ihre Arbeiten sind in mehreren Sammlungen vertreten, unter anderem im Berliner Kupferstichkabinett, in der Neuen Sächsischen Galerie Chemnitz und im Museum Junge Kunst in Frankfurt (Oder).

Dorit Bearach „*Ausgeliefert*" (2011),
Mischtechnik auf Papier, 55x78 Zentimeter

CLEMENS BRENTANO

# Der arme, gute Kerl

*An Achim von Arnim*

*Prag, 10. Dezember 1811*

*Gestern erhielt ich* von Savigny die Nachricht, daß Heinrich von Kleist sich vor 14 Tagen nebst der Frau Rendant Vogel (Adam Müllers und Theremins Buhlschaft nach der Sander) auf einem Dorfe zwischen Berlin und Potsdam nach eingenommenem Frühstück scheinbar mit gegenseitigem Verständnis erschossen. Diese Nachricht hat mich wenigstens wie ein Pistolenschuß erschreckt. Der arme, gute Kerl, seine poetische Decke war ihm zu kurz, und er hat sein Leben lang ernsthafter als vielleicht irgend ein neuer Dichter daran gereckt und gespannt. Er ist allein so weit gekommen, weil er keinen recht herrlichen Menschen gekannt und geliebt und grenzenlos eitel war.

Ich habe hier seinem vertrauten Freund, dem Hauptmann von Pfuel ... die Nachricht mitgeteilt. Er hat Kleist immer aufrichtig geliebt und die politische Zeit wie die ganzen poetischen Lehrjahre desselben mit ihm verlebt. Es hat ihn bestürzt, aber nicht verwundert, er sagt mir, er habe nie etwas anderes von ihm erwartet, er habe ihn einst acht Tage in Dresden wegen einer in der Liebe gekränkten Eitelkeit wahnsinnig und rasend in seiner Stube gehabt.

Wir haben nie erfahren, Kleist war einer der größten Virtuosen auf der Flöte und dem Klarinett. Wir haben ihn überhaupt nur ganz zerrüttet gekannt. Bei allem dem, was ich durch viele Züge aus Pfuels Munde weiß, ist nie einem Dichter seine persönliche Bizarrerie und all sein Tollfieber und all sein Werk und Unwerk von liebenden Freunden so nachgesehen und geschont worden. Überhaupt werden seine Arbeiten oft über die Maßen geehrt, seine Erzählungen verschlungen. Aber das war ihm nicht genug.  *(gekürzt)*

*Aus „Schriftsteller über Kleist", mit freundlicher Genehmigung des Aufbau-Verlages*

**Clemens Brentano** (1778–1842) war neben Achim von Arnim einer der Hauptvertreter der Heidelberger Romantik. Mit von Arnim gab er die Volksliedsammlung „Des Knaben Wunderhorn" heraus.

OLIVER BUKOWSKI
*im Gespräch mit Ulrike Buchmann*

# Pracht in jeder Zeile

*Herr Bukowski, können Sie Ihre erste Begegnung mit dem Dichter Heinrich von Kleist beschreiben, die Eindrücke, die Gefühle, die Sie überkamen?*

Ach, lange her. Das, was man so in der Schule zwischen die verkniffenen Lippen gelöffelt bekam. Bei so viel verordneter Ehrfurcht hatte ich immer das Gefühl, nicht lesen zu dürfen, sondern Vokabeln pauken zu müssen. Und die waren mir bei Kleist damals alle zu bombastisch, mit zu viel Pomp aufgeladen. Ich erinnere mich, dass ich mir ein paar Zeilen draufdrückte, und die todernst unter ein ganz normales Gespräch mischte – alles wieherte. Für mich pubertierenden Idioten war das der letzte Beweis: Kein Mensch redet so, so reden nur Dichter. Und zwar irgendwo, wo man besser nicht war, wenn man am Abend noch was vorhatte. Mein Deutschlehrer gab mir dann den „Kohlhaas" zusammen mit Salingers „Fänger im Roggen". Seltsame Mischung, und keine so schlechte, wie ich jetzt finde. Von Salinger war ich begeistert, Kohlhaas fand ich immerhin drollig in seiner Verstiegenheit. Seltsamerweise ist mir heute vom „Fänger" weniger in Erinnerung, als vom „Kohlhaas".

*Was begeistert, was stört den Dramatiker Bukowski am Dramatiker Kleist?*

Am Dramatiker? Nicht am biografischen Kleist? Es tut gut, dass Sie sauber zwischen Beruf und Person unterscheiden. Liest man manche Kritiker, vor allem aber das, was im Internet so gepostet wird, dann ist das nicht mehr so selbstverständlich – trotz der elenden Erfahrungen, die gerade wir Deutschen mit den platten Rückschlüssen vom Werk auf den Urheber haben müssten. Also – am Dramatiker Kleist stört mich gar nichts. Im Gegenteil. All das, was ich damals für aufgebläht und übertrieben hielt, lese ich heute mit Genuss. Mein damaliger Analphabetismus hat sich also gelegt, ich finde jetzt Pracht in jeder Zeile. Der Dramatiker Kleist schielt in seinem Werk nie nach den Trends seiner Zeit, auch nicht negativ angepasst, so als clever hingezirkelte Provokation. Während alles ein gepflegtes, neugriechisch harmonisiertes Drama will, krachen bei ihm die Knochen, werden Schädel eingetreten, spritzt das Blut. Diese Unbedingtheit in jedem Stück und im

Kampf um jedes Stück, ohne jede Absicherung und Rücksicht auf das, was „angesagt ist"– das begeistert mich. Und das um so mehr, weil wir ja wissen, wie sehr er sich persönlich den Erfolg wünschte. Der Dramatiker Kleist ließ sich eben nicht von den privaten Sehnsüchten der Person Kleist korrumpieren. Großartig, unbedingt zur Nachahmung empfohlen.

*Wann haben Sie begonnen, sich stärker für den Menschen hinter diesen Texten zu interessieren und wie würden Sie ihn einem Freund in drei Sätzen beschreiben?*

Leider erst wieder, als Recklinghausen/Hamburg für einen Stückauftrag zum Thema Kleist nachfragten. Ich schreibe Stücke zu Gegenwärtigem, da erscheint mir nicht unbedingt Heinrich von Kleist über dem Frühstücksei. Dann aber, dann machte mich genau das neugierig und nervös, was ich gerade so oberlehrerhaft einklagte: die strenge Trennung von Autor und Werk. Mir waren die Experten hier nun zu einig, allzu kampflos einig, dass man bei Kleist kaum oder gar keine Rückschlüsse vom Werk auf sein Leben ziehen könne. Und umgekehrt. Wirklich? Ist das möglich? Und wenn, wie und warum?

Mit diesen Fragen und einem Anfangsverdacht kramte ich mich in die Briefe, Biografien und Zeitzeugenberichte, sein Werk selbst wird und wurde ja schon genug interpretiert.

Und wie ich ihn einem Freund ankündigen würde?

Vielleicht nur: Er ist anstrengend, weil krank, manchmal brillant, auf jeden Fall aber selten langweilig. Es ist ein Gewinn, mit ihm zusammen zu sein – vielleicht aber nicht unbedingt für dich.

*War Kleists persönliches Drama unvermeidlich, angesichts seiner psychischen Disposition, der unglücklichen äußeren Umstände?*

Ja. Meine ich. Selbst stärkere Psychognomien dürften nach dieser Kindheit mit dem Verlust der Eltern, der Dressur in der Pflegefamilie, seinem Stottern und seiner Rekrutierung zum „Kindersoldaten" und so weiter kaum eine Chance haben, nicht depressiv zu werden. Hinzu kam: Er setzte sich selbst frei, er konnte nicht anders. Jenseits aller damaligen Karriere- und Zukunftsgewissheiten von Adel, Militär oder Juristerei lebte er genau jene moderne freie bürgerliche Individualität, die erst sehr viel später ihre soziale Akzeptanz und Wertschätzung fand. Es gab also – vergleichbar mit den ganz gegenwärtigen Entwicklungen eines projektbasierten Kapitalismus – noch keine „Rolemodels", keine Vorbilder für diese Lebensart. Nur dieses Sei-Du-Selbst als ständiger, diffuser Druck auf ihn. Genau also jene sozial bedingte Ursache für die hochmodernen Depressionen unserer Tage, wie sie Alain Ehrenberg beschreibt. Er am Anfang dieser Entwicklung, wir an ihrem Ende. Seine fast letzte Chance zur Selbstrettung: Erfolg als Dramatiker. Da ihm der nun auch noch verwehrt war, addierten sich individuell-biografische und soziale Bedingungen. Ein Zustand grauenhafter sozialer und sensueller Deprivation. Ich bin mir nicht mal sicher, ob man ihn heute, mit den modernen therapeutischen Möglichkeiten, retten könnte. Und wenn das gelänge, würde er dann weiter schreiben? Oder wäre er dann nur ein weiterer Robert Walser: dumpf und leer, aber austherapiert.

*Sie sagen mit Recht, Leben und Werk des Dichters hätten inhaltlich so gut wie nichts miteinander zu tun, aber in der Form der Zuspitzung, der Radikalisierung von Figuren, ihrer Gedanken und Handlungen vielleicht doch, oder?*

Genau. Er lebte, ständig gefährdet und ohne soziale Sicherheiten oder rationale Gewissheiten, in einer Ausnahmesituation – so schrieb er auch. Alle Sinne ständig überreizt auf Gefahr, Kampf oder Flucht eingestellt. Wer sich aber bedroht fühlt, existenziell bedroht, wird nicht bedächtig und maßvoll reagieren. Wie er selbst äußern seine Figuren dabei kaum etwas über ihre Gefühle. Er und seine Figuren erfahren sie als nicht vorhersehbare und zu kontrollierende Ausbrüche. Über diese brutalen Wirkungen schreibt er. Und das Fremde, scheinbar nicht in der Kleist'schen Lebenswelt Verankerte dieser eruptiven Szenarien?

Eigentlich nicht so schwer zu deuten. Man muss nur nachlesen, was in manischen und hypo-manischen Phasen einer bipolaren Störung so passiert. Das fragt nicht nach überprüfbarem Sozialrealismus. Insofern ist das Leben Kleists vielleicht doch ganz gut in seinem Werk lesbar.

*Dass man Konflikte so in die Höhe schrauben kann, ohne sich an die grundlegenden dramatischen Muster zu halten, ist wahrscheinlich das Bemerkenswerteste, das Innovative an Kleists Art zu schreiben. Aber hat ihn das vielleicht auch den Erfolg zu Lebzeiten gekostet? Die Berührung menschlicher Seelen funktioniert doch komischerweise immer wieder nach den alten, archetypischen Mustern.*

Ich glaube, Kleist sehnte sich sogar danach, dass etwas motiviert, folgerichtig und handlungslogisch nachvollziehbar zu diesem oder jenem Gefühl führte. „Ich selber habe seit meiner Krankheit die Einsicht in ihre Motive verloren, und begreife nicht mehr, wie gewisse Dinge auf andere erfolgen konnten", schreibt er 1804 an Henriette von Schlieben. Aber in ihm schlugen die Emotionen abrupt um, euphorische Impulsstürme und lange Phasen völliger Niedergeschlagenheit kamen und gingen „einfach so" – nur diese Dramaturgie stand ihm zur Verfügung. Alles andere hätte er sich kunsthandwerklich anschaffen müssen. Und richtig, der Löwenanteil aller weltliterarischen und theatralischen Werke basiert auf archetypischen Sujets um Liebe, Hass, Verrat, Eifersucht, Tod und so weiter und folgt einer kognitiv überschaubaren Spannungsdramaturgie – einer „Orgasmuskurve", wie Heiner Müller sagte. Vielleicht liegt das daran, dass wir werksseitig eine Art soziobiotische Sehnsucht nach Verständnis und Auflösung in uns haben, vielleicht aber auch nur daran, dass uns schon die Gute-Nacht-Geschichten und Märchen so erzählt wurden. Und was nützte das Kleist?

Nichts. Aber uns. Er erinnert: Da ist mehr in uns, als nur Reaktion, Funktion und Angemessenheit, gefährlich mehr. Ohne ihn, Kafka und Beckett wären wir ja fast allein mit den großen Vereinfachern.

**Oliver Bukowski**, geboren 1961 in Cottbus, arbeitet als Dramatiker und Hörspielautor. Für die Ruhrfestspiele Recklinghausen und das Schauspielhaus Hamburg schrieb er 2010 mit „Wenn Ihr Euch totschlagt, ist es ein Versehen" ein Stück um einen heutigen Dichter, der Züge Heinrich von Kleists trägt.

MICHAEL GEORG CONRAD

# Zum 21. November 1911

Heinrich von Kleist ist derjenige unserer Großen, der mir's am schwersten gemacht, in ein klares, inneres Verhältnis zu seinen Schöpfungen zu gelangen. Beim Lesen seiner Werke gelingt mir's heute noch nicht immer. Ich muß sie im Theater sehn, gut gespielt, um sie als reine, starke Kunst zu empfinden und ihren Urheber als den größten Dramatiker deutscher Zunge… Aber nur zwei Werke habe ich so von ihm sehen und erleben können, den „Zerbrochenen Krug" und das Bruchstück „Robert Guiskard", für mich sein eigentliches unübertroffenes Meisterwerk.

Seine Novellen, Gedichte und Briefe kommen für mein Bedürfnis nach Kunst und Seelenerkenntnis neben den Dramen wenig in Betracht. Mir genügt das Stück geheimnisvollen Lebens, das mir seine Dramen zu enthüllen vermögen. Das ist für mich die Biographie, die sich sein Genius geschrieben.

Seine nichtdramatischen Schriften enthalten mir noch zu viel von jenem peinlichen Erdenrest, der mir nicht nur seine eigene persönliche Erscheinung, sondern auch seine Zeit und Umgebung als krankhaft, unfertig, lebensuntüchtig erscheinen läßt. Als Kulturbild sehe und empfinde ich das damalige Preußen-Deutschland als etwas jammervoll Unharmonisches, schlechthin Unvernünftiges. Nur die Allerrobustesten unter den Künstlermenschen vermochten es darin auszuhalten, so Johann Wolfgang Goethe – Olympier, das heißt kalter Egoist, wurde er dafür gescholten. Kleist ist mit sich selbst und darum auch mit seiner Zeit und seinem Volke nicht fertig geworden. Auch mit Napoleon nicht. Und seine Preußen haben an ihm das einzige vollbracht, dessen sie in ihrer Kulturbarbarei fähig waren: sie haben ihn verhungern lassen, buchstäblich, körperlich und gemütlich. Die preußische Regierung im weitesten Sinn hat den Zusammenbruch dieses größten dramatischen Genies der Deutschen auf dem Gewissen, nicht der Olympier und Theaterdirektor Goethe in Weimar. Denn an Goethe konnte sich Kleist rächen und seiner Empörung ein Genüge tun, am ganzen preußischen Volk und der Unfähigkeit der Regierenden nicht. Diese Last war zu massenhaft, zu ungeheuerlich, um von dem krankhaft zarten und unsteten Dichtersmann mit einer geistigen Geste oder einer Verachtungs-Interjektion abgetan zu werden.

Kleist ist kein Selbstmörder. Er hat nur das Todesurteil vollzogen, das seine Zeit und sein Volk über ihn verhängt. Das Urteil lautete auf Tod durch Verhungern.

Kleist hat diese grausamste Todesart durch den eigenen Vollzug gemildert. Seine kleine Pistolenkugel am Wannsee steckt heute noch als Denkmal völkischer Schmach in der stolzen Ehrenscheibe „preußisches Vaterland" – und wer weiß, ob und wann sie entfernt werden kann.

Und das ist's wohl, was mir das innige Verhältnis zu Kleists Meisterwerken immer noch erschwert: mitten durch die Gluten seines Genius zieht's plötzlich wie etwas Kühles, Todkaltes, und über das feurige Bild huscht Leichenblässe.

Nur ein Bühnenspiel, vom höchsten Adel darstellerischer Vollkommenheit verklärt, vermöchte ein reines Bild von der überwältigenden Größe und Schönheit dieses Dramatikers zu geben. Wann und wie werden wir zu diesem Bühnenspiel gelangen?

*Aus „Schriftsteller über Kleist", mit freundlicher Genehmigung des Aufbau-Verlages*

---

**Michael Georg Conrad** (1846-1927), ein deutscher Schriftsteller des Naturalismus, befasste sich unter anderem mit dem Freimaurertum und war als Literaturkritiker tätig. Der hier abgedruckte Beitrag erschien erstmals am 18. November 1911 in „Die Lese. Literarische Zeitung für das Deutsche Volk".

FRIEDRICH DE LA MOTTE FOUQUÉ

# Sein schmerzliches Schicksal

*An Christian August Gottlob Eberhard*

*Nennhausen, am 19. Dezember 1811*

**Teuerster Freund,** Der herbe Abschied, welchen ein so edler Dichter als Heinrich v. Kleist in einem blühenden, vollkräftigen Alter aus der Welt genommen hat, mußte natürlich, wie alle Freunde des Guten und Schönen in unserm deutschen Vaterlande, so auch Sie mit tiefer Wehmut ergreifen und mit dem lebhaften Verlangen, mehr von seinen letzten Lebenstagen und der Veranlassung seines Todes zu erfahren. Die freundschaftlichen Bande kennend, welche Kleist und mich als Dichter und als Menschen umschlangen, fordern Sie mich auf, Ihnen nähere Nachrichten hierüber zuzusenden, womöglich solche, die sich zur Mitteilung an das Publikum Ihrer Zeitschrift eigneten und dazu beitragen könnten, dessen Urteil über den edlen Toten in einen richtigen Gesichtspunkt zu stellen. Dazu jedoch fühle ich mich unfähig. Von der Begebenheit selbst weiß ich nicht mehr oder doch nicht viel mehr, als bereits öffentlich bekannt geworden ist, und so auch von jeder möglichen Veranlassung dazu. Dennoch ergreife ich diese Gelegenheit, um allen, die Heinrich von Kleist geliebt und geachtet haben, die Bitte recht innig ans Herz zu legen, sich jegliches Urteils über ihn und andre in sein schmerzliches Schicksal Verflochtne zu enthalten, bis näher unterrichtete Freunde es für möglich und ratsam halten, den Schleier wegzuheben, welcher das Ende seines irdischen Lebens birgt.

So viel hat ja wohl der Dichter von seinen Lesern gewonnen, daß sie dem, welcher sie in mancher begeisterten Stunde entzückte und über das Unwürdige des äußern Lebens erhob, nur das Edle zutrauen und auch da, wo ihn das Himmelsfeuer in seiner Brust über die Bahn des Gesetzlichen in eine dunkle Welt hinausriß, ihm – wie er selbst in einer seiner Dichtungen sagt – „in seiner Tat vertrauen", ohne weder entschuldigend noch tadelnd früher an ihr meistern und rütteln zu wollen, bis jene obenerwähnte Enthüllung sie vor den Augen der Nation, welche auf Kleist als einen ihrer edelsten Dichter allerdings die Augen zu richten befugt ist, aus der Dunkelheit zieht.

Bis hierher, mein geliebter Freund, habe ich für Ihre Zeitschrift mitgeschrieben und vergönne es gern, daß alles Obige mit meiner Namensunterschrift abgedruckt werde. Ihnen insbesondere füge ich hinzu, daß ich die Unglücksgefährtin meines

Freundes nicht gekannt habe, von andern aber einstimmig höre, sie sei eine höchst geistreiche und anmutige Frau gewesen. Ein fast allgemeines Gerücht schreibt ihr eine heilungslose, mit schmerzhaftem Ende drohende Krankheit zu; desfalls, will man, habe sie den Tod gewählt, und Heinrich, unfähig, sie zu überleben, sei ihr nachgezogen worden. Doch macht mich wieder darin der Bericht eines anderen Freundes irre. Kurz, im ganzen muß ich wiederholen, was ich zu Anfange dieses Blattes auch dem größeren Publikum sage: der Schleier liegt noch fest über der Tat und kann nur von wenigen, ihm zuallernächst gestandenen Freunden gelöst werden. So viel ist gewiß, daß nicht leicht irgend ein Selbstmord mit so klarer Besonnenheit, mit so, ich möchte sagen, starrer Tapferkeit als dieser vollführt worden ist. – Er ist hin, mein armer oft in seinem Leben gestörter und von falschen Hoffnungen getäuschter Freund, er ist viel zu frühe aus seinem tatenblühenden Leben abgegangen, und ich stehe noch immer wie schwindelnd an dem Abgrunde, der ihn in so jäher Überraschung verschlungen hat.

*Aus „Schriftsteller über Kleist", mit freundlicher Genehmigung des Aufbau-Verlages*

**Friedrich Heinrich Karl Freiherr de la Motte Fouqué** (1777–1843), Pseudonyme Pellegrin und A.L.T. Frank; war ein aus Brandenburg an der Havel stammender deutscher Dichter der Romantik. Er nahm an den Schlachten des Befreiungskrieges gegen Napoleon teil. Als sein bestes Werk gilt die märchenhafte Erzählung „Undine" aus dem Jahr 1811. De la Motte Fouqué traf Heinrich von Kleist zum ersten Mal 1795 und unterhielt fortan zu ihm freundschaftliche Beziehungen.

**Christian August Gottlob Eberhard** (1769–1845) war ebenfalls ein deutscher Dichter und Schriftsteller.

HINRICH ENDERLEIN

# Versöhnung von Grazie und Bewusstsein

Eigentlich sind es drei Texte, die mir Kleist besonders nahe gebracht haben oder – um es präziser auszudrücken – mich bis heute mit Kleist verbinden: das Marionettentheater, das Käthchen und der Kohlhaas. Alle drei gehörten bei mir zur Pflichtlektüre in der Schule und haben freilich zu ganz unterschiedlichen Zeiten ihre Wirkung vermittelt.

Bei Kleists Aufsatz Über das Marionettentheater war ich bereits nach der ersten Lektüre und erst recht nach Diskussion und Besprechung in der Klasse von der Stringenz der Gesprächsführung und der Schlüssigkeit der Argumentation vollkommen begeistert. Insbesondere der Vergleich von Marionetten und Balletttänzern hat bei mir eine ganz nachhaltige Wirkung erzeugt. Bis heute bin ich kein Freund des Balletts – und das liegt an Kleist. Bei den Tänzern sehe ich immer den Versuch etwas zu erreichen, was sie nie erreichen können und nie erreichen werden. Ich sehe das Unvollkommene, wo andere den Versuch bewundern, das Unvollkommene zu überwinden und sich dem Vollkommenen möglichst anzunähern. Davon kann ich nicht abstrahieren und kann deshalb im Ballett nicht den Kunstgenuss empfinden, den er für andere darstellt.

Ganz anders stellt sich meine Beziehung zum Käthchen von Heilbronn dar. In der Schule war das eher ein Märchen, ein zauberhaftes Märchen, bei dem manches erklärungsbedürftig war und blieb. Und ich hatte auch gar nicht den Wunsch, da alles rational zu durchleuchten. Manche Theaterstücke kann man lesen und verstehen, das „Käthchen" muss man sehen, um es zu verstehen. Die Gelegenheit, das „Käthchen" zu sehen, hatte ich 1961 oder '62 in Hamburg, wo ich damals einen Teil meines Militärdienstes absolvierte. Ich glaube, es war im Deutschen Schauspielhaus, und es könnte eine Gründgens-Inszenierung gewesen sein. Entscheidend und prägend war für mich die Hauptdarstellerin: Joana Maria Gorvin. Auch wenn das jetzt fünfzig Jahre her ist, werde ich diese Aufführung nie vergessen. Die Verkörperung des Käthchens war so kongenial, wie man es wohl ganz selten auf der Bühne geboten bekommt. Ich glaube inzwischen, dass nur die damals immerhin schon fast

40-jährige Gorvin die Reife besaß, das unschuldige Mädchen so glaubwürdig und authentisch darzustellen, wie Kleist es konzipiert hat. Nach dieser Aufführung blieben jedenfalls keine Frage offen und das Käthchen war zu meinem Lieblingsstück avanciert. Sehr viel später wurde mir dann auch noch klar, dass zwischen der Figur des Käthchens und dem Marionettentheater ein enger Bezug besteht. Denn ihre anmutige Unschuld verkörpert höchst anschaulich und eindringlich die Versöhnung von Grazie und Bewusstsein aus dem Marionettentheater.

Michael Kohlhaas ist natürlich für junge Menschen ein Aufreger. Er spricht das in einem bestimmten Alter ausgeprägte Gerechtigkeitsgefühl an. Und die Geister scheiden sich genau an dem Punkt, als er zur Gewalt greift, um sein Recht durchzusetzen. Eben an dieser Stelle hatte auch ich meine Position bezogen. Anfangs stand für mich fest: Gegen eine ungerechte Obrigkeit muss auch Gewalt zulässig sein. Meine Tätigkeit in der Politik führte dann aber immer stärker zu der Einsicht, dass die Gründe für das Entstehen von Gewalt beseitigt werden müssen. Und da war mir schnell klar: eins der wichtigsten Ärgernisse des Bürgers über die Verwaltung ist die Bürokratie. Und das war auch bei Kohlhaas so. Nur Verwaltungen, die als Dienstleistungen für die Menschen tätig sind, können dieses Ohnmachtgefühl des Bürgers, das in Wut umschlagen und sich zur Gewalt steigern kann, verhindern oder zumindest minimieren. Dieses Credo habe ich aus dem Kohlhaas abgeleitet und zu einer Maxime meines politischen Handelns gemacht. Aber wenn ich mich in der politischen Realität umschaue, ist auf diesem Feld noch eine ganze Menge zu tun.

**Hinrich Enderlein** (FDP), geboren 1941 in Luckenwalde/Brandenburg, wuchs in Bad Soden, Hamburg und Gummersbach auf. Er studierte in Marburg und Tübingen Geschichte, Politik und Slawistik.
Von 1990– 1994 war er Minister für Wissenschaft, Forschung und Kultur in Brandenburg.

GOTTHARD ERLER

# Blick auf den Dichter durch Fontane geschärft

Meine erste Begegnung mit Kleist liegt ein halbes Jahrhundert zurück. Ich war an der Universität Leipzig Schüler Hermann August Korffs, des großen alten Geisteswissenschaftlers, der den „Geist der Goethezeit" geschrieben hat. Damals war gerade der vierte Band erschienen, und siehe da, der fängt an mit dem Aufstieg Heinrich von Kleists. Ich habe da also schon über Kleist gehört, und in einem kleinen Kreis von Kommilitonen haben wir uns wochenlang über die „Penthesilea" verständigt. Danach habe ich mich nicht mehr mit Kleist beschäftigt.

Was uns begeistert hatte, war die Art, wie Kleist solche Szenen beschreibt und Konflikte über soundsoviele Akte tatsächlich auflöst. Es war der große Respekt vor dem Handwerker, weniger vor den Stoffen. Dasselbe, was den Theaterkritiker Fontane so faszinierte. Wahrscheinlich liegt darin auch das Geheimnis, dass man Kleist immer wieder spielt.

Ich glaube, dieses fantastische handwerkliche Können, von der Bühne herunter 400 Leute im Saal zu fesseln, funktioniert bei ihm. Bei der erneuten Lektüre, zum Beispiel der „Herrmannsschlacht", haben mich die sprachlichen Schönheiten dieser Dialoge regelrecht hingerissen. Die reden da in Versen und es stimmt alles, es geht alles auf. Der Kleist hat wirklich eine eigene Art, eine Eigen-Art gehabt.

Dass ich mich nochmals mit ihm beschäftigt habe, wurde durch Theodor Fontane angestoßen. Ich habe erneut Kleists Gedichte gelesen – er ist ja kein großer Lyriker, hat aber ein paar bemerkenswerte Bekenntnisgedichte geschrieben, „Germania und ihre Kinder" zum Beispiel. In dem Gedicht stolperte ich darüber, dass alles eine einzige Hasstirade auf Frankreich und Napoleon ist. Bei Kleist kommt schon der Begriff des Erbfeindes Frankreich vor. Das hat mich irritiert – eigentlich produktiv irritiert. Denn wenn einer gegen diesen Begriff und alles, was dahinter steckt, aufgetreten ist, auch öffentlich, dann war das Fontane. Wenn man nun zusammennimmt, was sich die beiden Völker angetan haben, fragt man sich: Hat Kleist eventuell an dieser Legende vom Erbfeind auch einen Anteil? Für mich als Fontane-Kenner wäre diese Frage auch insofern ganz spannend, weil zwei Fakten zusammentreffen: Deutschland kümmert sich zwei Drittel des 19. Jahrhunderts lang nicht um Kleist, er ist ein nahezu vergessener toter Hund, und als die Gründung des Kaiserreichs erfolgt war, versucht man abzuklopfen, was man denn mit ihm machen kann. Und da wird man auf ihn aufmerksam. Es ist genau der Zeitpunkt, als Fontane eigentlich zum ersten Mal richtig sein Ursprungsland Frankreich entdeckt. Wenn Kleist allein diese Entwicklung Fontanes ausgelöst hätte, dann wäre das ein posthumes Vermächtnis größten Ausmaßes. Das finde ich ganz fantastisch.

Meine Rezeption von Kleist hat sich natürlich verändert im Laufe der Zeit: von der frühen oberflächlichen und auch akademisch geprägten ersten Begegnung in den 50er-Jahren zu einer Beschäftigung mit dem Autor, den ich im Spiegel eines anderen Autors – Fontane – neu betrachtet und auch bewertet habe. Was mich immer wieder begeistert, sind die politischen oder philosophisch-ästhetischen Aspekte – das „Marionettentheater" zum Beispiel. Sie zeigen, dass dieser Kleist doch ein ungeheuer vielseitig interessierter und engagierter Autor gewesen ist, der sich mit vielen Dingen gründlich und durchaus originell auseinandergesetzt hat. Ein hochbegabter Mensch, intelligent, auf vielen Gebieten interessiert und motiviert – aber er kommt zu nichts. Und dann eben der berühmte Satz: „Die Wahrheit ist, dass mir auf Erden nicht zu helfen war." Was hat er alles versucht: als Dichter, als Dramatiker, seine naturwissenschaftlichen Interessen – daraus ist alles nichts geworden, bis hin zu der Tatsache, dass er eben auch mit den Frauen kein Glück hatte. Also eine ganz unglückliche Existenz im Grunde, und dieser unglücklichen Situation hat er als Dichter noch eine Handvoll Stücke und Texte abgetrotzt.

Dass Kleist und Fontane heute so unterschiedlich präsent sind, ist ungerecht. Insofern bin ich froh, dass Kleists 200. Todestag bevorsteht und dies und jenes passieren kann, um diesen interessanten Autor ein bisschen gerechter zu sehen – und auch mehr unters Volk zu bringen. Ich bin sicher: Er wird kein Erfolgsautor sein können wie Fontane. Aber es muss immer einen kleinen Kreis von Enthusiasten geben, die sich mit ihm beschäftigen. Wie wichtig es ist, mit den Dingen zwischen den Zeilen oder mit Strukturen innerhalb eines Textes umgehen zu können, das haben wir, die wir im Osten gelebt haben, bei Autoren wie Christoph Hein oder Christa Wolf gemerkt.

Heute weiß ich zudem eine ganze Menge über seine Lebensumstände. Ich habe alle seine Briefe nochmals gelesen. Kleist als Bekenntnismensch in seinen Briefen – das ist schon ganz hinreißend. Mich hat berührt, sogar erschüttert, wie dieser auch emotional sehr empfängliche und aufgeladene Autor nicht zurechtkommt im Leben. Das ist eine erschütternde Erkenntnis, über die man auch junge Leute interessieren könnte. Sie gehören einer völlig anderen Generation an mit ganz anderen Beziehungen zum Leben, anderen Lebenserwartungen. Aber vielleicht ist auch unsere Generation schon ziemlich verdorben von der seichten Kost, die man sich im Fernsehen angucken kann – oder auch nicht. Für wirkliche, tiefgreifende Konflikte gibt es womöglich wenig Verständnis, für diesee Seelenqualen, denen der gute Kleist letztlich erlegen ist.

Mir imponiert sein Entschluss zum Suizid. Der ist ja lange vorbereitet, und insofern auch eine ganz schlüssige Entwicklung, die im Grunde wie ein Drama abläuft. Von seinen Werken am stärksten beeindruckt hat mich der „Michael Kohlhaas". Dieser Konflikt um die Gerechtigkeit in der Welt ist ein Urthema, das nie ausgestanden sein wird. Wie dieser friedliche Mensch, der mit Pferden handelt, so zur Strecke gebracht wird, aus einer Schicht bedroht wird, die das Sagen hatte, die dem kleinen Mann kaum eine Chance gegeben hat, wie Kohlhaas, sozusagen wie bei Schiller, ein Verbrecher aus verlorener Ehre wird – das, finde ich, ist eine ganz große Leistung Kleists. Vielleicht ist es sogar das Stück. Für Fontane war es übrigens „Die Marquise von O ...".

Mein Blick auf den Dichter ist durch Fontane richtig geschärft worden. Ich bin Theodor Fontane dankbar dafür. Das scheinbar spröde Verhältnis Fontanes zu Kleist ist schon sehr interessant. Ich gestehe, ich hätte wahrscheinlich seine Theaterkritiken in Sachen Kleist ohne den Zusammenhang mit einem Vortrag in Zeuthen und in Frankfurt (Oder) nicht noch einmal angesehen und war dann selber überrascht, dass von den 700 Rezensionen, die Fontane schreibt, ganze sieben sich mit Kleist beschäftigen. Was aber andererseits auch damit zusammenhängt, dass Kleist auf dem Spielplan des Königlichen Schauspielhauses kaum eine Rolle gespielt hat. Und wenn, dann führen sie die „Hermannsschlacht" auf, weil das gegen Frankreich geht. Und vertun sich außerdem noch im Jahr: 1777 ist Kleist geboren, und sie führen das Stück zum 100. Geburtstag 1876 auf.

 **Gotthard Erler**, geboren 1933 in Meerane, war beim Berliner Aufbau-Verlag als Lektor und Lektoratsleiter tätig, bevor er von 1992 bis 1998 die Geschäftsführung übernahm. Mit seiner Forschung und seinen Publikationen über Theodor Fontane trug und trägt er zur Popularisierung des Schriftstellers und seines Werkes bei. Er ist Herausgeber der Großen Brandenburger Fontane-Ausgabe.

THEODOR FONTANE

# Ein dramatisiertes Märchen

„Das Käthchen von Heilbronn" berührt wie ein dramatisiertes Märchen, man verlangt keine Korrektheit mehr, und die Gestalt der Kunigunde – ganz nach Märchenart – mochte ebenso schwarz in schwarz gemalt werden wie das Käthchen weiß in weiß. Ich stelle an ein Stück wie dieses nur eine Anforderung, und zwar die: daß ich nicht aus der Welt des Schönen, aus einem unbestimmten, süßen Etwas, das sich mir wohlig ums Herz legt, herausgerissen werde. In dieser Art hat beispielsweise Raimund seine Stücke geschrieben; ebenso hat P. Heyses „Feenkind" (freilich in epischer Behandlung, was aber gleichgültig ist) diesen Ton aufs glücklichste angeschlagen. Man wird nirgends gestört; man bleibt in wohligem Behagen von Anfang bis Ende.

Dies trifft im „Käthchen" nicht voll zu; an nicht gerade wenigen Stellen wird man verletzt; wenn von den „falschen Zähnen" der Kunigunde, von falschem Haar und falschen Waden die Rede ist, so stört das, das ist nicht mehr märchenhaft, und wenn Graf Wetter von Strahl die Peitsche nimmt, um Käthchen zu züchtigen und zu vertreiben, so ist das wiederum unschön, störend, und zwar um so störender, als es nicht bloß uns den Moment, die bestimmte gegebene Situation verdirbt, sondern uns auch die Gesamterscheinung Käthchens in ihrer Reinheit und Lieblichkeit lädiert. So gewiß nichts Rührenderes gedacht werden kann als eine solche plötzlich vom Himmel in ein Menschenherz niederfallende, selbstsuchtslose, opferbereite Liebe, so gewiß ist es doch auch, daß die Opfer, die die Liebe jeden Augenblick zu bringen bereit ist, gewisse ästhetische Grenzen innehalten müssen. Eine Liebe, die, wenn ihr ein Paar Hosen mit der absichtlich-zynischen Forderung hingeworfen werden: „Näh mir die Knöppe an!" – um nicht noch schlimmere Beispiele zu wählen –, sich dieser Forderung glückselig unterwirft, ist keine Liebe mehr, die noch unsre besondre Teilnahme wecken kann. Das Märchen darf hier freilich viel weiter gehn als die Wirklichkeit, muß aber doch auch sehr vorsichtig operieren. Das eine geht noch, und etwas dicht daneben Liegendes geht bereits nicht mehr. Mannigfaches von dem, was Käthchen ruhig hinnimmt, trägt diesen Stempel und macht uns nicht bloß ärgerlich gegen den Beleidiger, sondern auch gegen diejenige, die sich das Unwürdige gefallen läßt. Große Schönheiten reißen das Ganze aber doch siegreich heraus.

THEODOR FONTANE

# Ein Lesestück

Kleists „Zerbrochener Krug" … machte den Eindruck, den er, von der Bühne her, von jeher auf mich gemacht hat: man wird seiner nicht recht froh. Es ist ein Lesestück. Da bewundert man die Kunst des Aufbaus, die Konsequenz der Durchführung, die Schärfe der Sprache, vor allem ihre Knappheit, und was Häßliches mit darunter läuft, wird einem – Pardon für den Ausdruck – wenigstens nicht direkt unter die Nase gestoßen. Hat man dies Greuel von Dorfrichter aber dreiviertel Stunde lang beinah auf Handnähe vor sich, sieht man ihn sich die gequetschte Wade gemächlich verbinden und wird man unausgesetzt zum Augen- und Ohrenzeugen seiner Brutalitäten, Lügen und Pfiffigkeiten, ohne in diese sich auch schon äußerlich als Schmuddelwelt charakterisierende Gerichtsstube nur einen einzigen Licht- und Schönheitsschimmer (denn der zutage tretende Humor ist au fond wenig erquicklich) einfallen zu sehen, so wird man der unbestreitbaren und beinah grandiosen Vorzüge des Stückes, nämlich seiner Charakteristik und seiner Ökonomie, nicht recht froh. Man denke nur an „Minna von Barnhelm", das, zu denselben Vorzügen, so viel Liebenswürdigkeit gesellt. Nach dieser Seite hin fehlt dem Kleist'schen Stück etwas, etwas Essentielles, und Herzog Carl August hatte nicht ganz unrecht, als er zu Goethe sagte: „Kleist amüsiert sich in diesem Stücke mit vielem Witz, Verstand und Talent mit sich selbst, ohne die mindeste Ahnung zu haben, wie es anderen Leuten dabei zumute ist." Die realistische Richtung unserer Tage muß sich freilich um vieles günstiger als Carl August und Goethe dazu stellen, günstiger, aber doch nicht absolut günstig.

**Theodor Fontane** (1819–1898) war Apotheker, Journalist, Kriegsberichterstatter, Theaterkritiker und wirkte als Schriftsteller richtungsweisend für den europäischen Roman („Frau Jenny Treibel", „Effi Briest" „Der Stechlin"). Er gilt als Brandenburgs bekanntester Autor.

EVA FÖRSTER

# Picknick am Wannsee

Schaum, schmutzigweiß, krönt kleine Wellen,
flache, die mit leisem Schmatzen
den grauen Strand liebkosen.
Und der Geruch des Sandes,
nicht des bräunlichen, sondern des schwarzen,
der darunter ruht, erinnert an Verwesung.
In dieser Landschaft lagern sie,
BruderSchwester gleichen Sinns,
die tote Frau und auch der große Dichter.
Der Zeigefinger dieses Dichters
ruht am Abzug,
der Finger, der gewöhnlich, schwarz von Tinte,
auf dem Federkiel nervös begann, zu trommeln
wenn die Worte fehlten.
Die Feder eines deutschen Schwans rollt immer wieder an des Sees Ufer
und fängt sich endlich in den Haaren des gerissnen Mörders
der die sichre Kugel ihr gegeben hatte,
die erste nämlich und die zweite sich.
Deshalb fühlte er kurz den Faden seines Blutes
auf der Lippe und: zisch-schmatz, zisch-schmatz,
das Wellchen kehrt zurück
und schaut nach seinen Lieben,
Frau und Mann
beim Tafeln an dem Stadtsee unterbrochen
durch den selbstbestimmten Tod.

**Eva Förster,** Tochter des Bildhauers Wieland Förster, kam 1968 in Berlin zur Welt. Sie arbeitete als Dramaturgieassistentin am Berliner Ensemble und ist heute als freie Journalistin und Autorin tätig. 2009 erschien im Schiler-Verlag ihr Lyrikband „Weit Gehen".

WIELAND FÖRSTER

# Heinrich von Kleist, ein heilloser Dichtergott aus Preußen

Kaum ist die Metapher gefunden und schon sitz ich in der Falle. Gott, das kommt mir von übergroßer Verehrung und gelebter Brüderlichkeit. Vor allem in den harten, verstörenden siebziger Jahren, als ich in Frost und Sturm, auf offenem Feld, von Ängsten vor dem Versagen geschüttelt meine „Hommage à Kleist" aus dem weit überlebensgroßen, schmalen Stein schlug: einen archaischen Torso, der, gerade, in schmerzlicher Reduktion, auf Kleists Wesen zielt. Es galt, den unbändigen Säulenwillen, seinem Wesen gleich, konsequent in das ganz nach Oben, in den Himmel zu richten.

Und ich stand frierend, denn die Sommersonne war meines Körpers Feind und steckte die Bildhauereisen in die Achselhöhlen, um sie zu erwärmen, dass sie nicht, eisig geworden, die Haut von den Fingern zögen.

Der erhobene Arm endet in einer kalten, alles abweisenden Fläche, einer widernatürlichen Willkür und steht doch nur in seiner fremden Form für Kleists Freitod, den Schuss in den Kopf am Wannsee. Ihm war kein Raum für seine gigantische Begabung mehr hienieden gegeben, gerade weil er der visionärste und konsequenteste aller brandenburgischen, ja vielleicht deutschen Dichter und Dramatiker war, warf er sein Leben dahin. In seinem hohen Anspruch war er in Leben und Werk deutlich an seine Grenzen gestoßen. Kleist hat sich niemals gebeugt, ähnlich seinem späteren Geistbruder Kafka, der, so wie Kleist den „Kohlhaas" bis zum Ende trieb, die Macht des Schlossherrn über den Boten Klamm unnachsichtig missbrauchte. Diese beiden Bücher waren gleichermaßen die Brennstäbe, deren Strahlung mich im Glauben an mein Werk vorantrieb: der Atem der Freiheit.

Seit 1977 steht nun mein Gedenkstein hinter dem Chor der Marienkirche, und es scheint, dass das Verständnis für diese Arbeit viel mit Wissen und Kenntnis um Kleists Dramatik, seine Prosaerfahrungen und Briefe zu tun hat.

Vom jetzigen Standort im rechten Winkel die Straße kreuzend, muss man sich sein Geburtshaus vorstellen. Da, im Schatten der Marienkirche, vor dem wunderbar aufstrebenden Chor steht die steinerne „Hommage à Kleist" für Brandenburg-Preußens großen Sohn, so wie sie ihm schon zu Lebzeiten zugestanden hätte. Das Genie, nackt vor der Welt und jenseits aller theatralischen Zurschaustellung, unauffällig aber konzentriert, so wie er lebte, eigenwillig und trotzig, extrem vom Bürgerbild abweichend.

So wenig Worte und so verräterisch und exemplarisch jede Silbe.

Kleists Verächter schrecken vor der Härte seines Worts zurück. Sie sind sich, selbst im Leben stehend, niemals klar geworden, dass das Leben in der uns zugestandenen Zeit Schicksal ist und dass „die Mitte" immer im Trug lebt, weil wir Geschöpfe zwischen zwei Extremen sind: der Geburt und dem Tod. Alles andere ist spaziergängerisch schön, wahr ist es nicht. Er war ein Mann, der an dem Versuch, Basis und Gipfel zusammenzubinden scheiterte, denn die überfüllte Mitte war ihm nur Scham. In meiner Liebe zu ihm stehe ich zu diesem unsäglichen Kampf.

Als ich in den fünfziger Jahre fast täglich Kleist las, verwirrt oft, aber immer schicksalhaft verbunden, sah ich in ihm keinen Dichter der Unentschlossenheit, sondern einen, der um das Höchste in Form und Inhalt rang und der der allerkonsequenteste war im Leben wie im Tod, einen Dichter deutscher Sprache und menschlicher Ansprüche unerreichbaren Ranges.

Sein Anspruch war, die gewaltigen Gipfel der antiken Tragödie mit den universellen Stücken von Shakespeare zusammenzuschmelzen. Besessen von seiner Vision, griff er den Dichtergöttern seiner Zeit, Goethe vor allem und Schiller, in die Speichen. Kleist wollte der Erste sein und eher verrecken als in sumpfigen Niederungen zu vegetieren.

Vom Leser erwartete er, dass er Liebe, Schwert und Schafott nacherleben konnte. Das aber sind die Hoffnungen jedes großen Künstlers, der die Netze so weit in seine Gewässer wirft, dass ihm die das Netz tragenden Zeichen aus dem Blick geraten, weil seine Ziele stets über die ihm verfügbare Kraft hinausgehen. Kleists Träume lagen bei den Sternen.

Die Facetten aller Kleist'scher Frauen durchfurchten mein Gehirn. Ich litt mit dem „Käthchen von Heilbronn", mit dem er so schrecklich verfuhr. Aus den verstecktesten Erinnerungen tauchten die ungeheuerlich blutrünstigen Tötungs- und Liebesrituale der „Penthesilea" auf, die mich noch Jahre danach – so ist das wirkliche Leben – zu plastischen Versuchen zwingen sollten, bis mir die Erlösung in meiner Bronze „Penthesilea-Gruppe IV" gelang: Zwei Leiber in Liebe und Tanz verstrickt und aus einem Stamm wachsend in ein unideologisches Glück. Ich weiß,

*Wieland Försters „**Hommage à Kleist**" an der Marienkirche in Frankfurt (Oder)*

dass Kohlhaas um seiner verletzten Würde willen, den Gang zum Schafott gehen musste, denn er ist der einzig Gerechte.

Die Gesetze der Herrschenden werden zu oft zu Handlangern des Verbrechens. Als Jüngling las ich die Sprüche des Lao Tse, dessen geistiger Schüler ich bin und der schrieb „Gesetz zeugt Verbrechen". Das scheint widersinnig zu sein, Tatsache ist, dass seit dem 3. Jahrhundert vor unserer Zeit bis heute die zu Unrecht Beleidigten und Beschädigten alleingelassen werden in ihrem Schmerz. Naive Menschen glauben noch immer, dass das staatliche Gesetz den Opfern zu ihrem Recht verhilft, allein es schützt nur die Staatsraison. Dieser Zustand war Kleists wütendes Leiden.

**Wieland Förster**, geboren 1930 in Dresden, ist einer der bedeutendsten deutschen Bildhauer. Seit den 70er-Jahren hat er auch eine Reihe literarischer Werke veröffentlicht. Der Träger des Bundesverdienstkreuzes 1. Klasse lebt in Wensickendorf bei Oranienburg und in Berlin. 2009 wurde er mit dem Preis des brandenburgischen Ministerpräsidenten im Rahmen der MOZ-Kunstpreisverleihung für sein Lebenswerk geehrt.

HANS-JOACHIM FRANK

# Grüne Socken für Kleist!

Ich gehe an der Wache vorbei durch eine eiserne Tür. Dann durchs leere Foyer in einen endlosen Gang. Rechts eine Treppe hinauf. Konferenzsaal 2 – K2 hatte der Wachmann gesagt. Es ist Mittwoch, der 3. November 2010. Der Ort ist das Kleist Forum Frankfurt (Oder). Heute soll mit Choristen der Stadtchöre die erste Probe zu *Käthchen Teil 3* stattfinden. Werden sie den Weg finden? Ich möchte die Szene *Unterm Holunderstrauch* probieren und zwar chorisch. Männer und Frauen geteilt. Und irgendwann auch auswendig. Das wird schwer werden – war ich schon im Vorfeld gewarnt worden – wir singen immer vom Blatt. Es ist gleich 19 Uhr, und ich frage mich langsam, ob überhaupt jemand kommt.

Diese Szene *Unterm Holunderstrauch* ist wundervoll. Kleist lässt hier sein Käthchen im Schlaf von ihrem Ritter befragen.

Die Tür öffnet sich und zwei Damen kommen herein. Ich begrüße sie. Dann noch drei. Und jetzt sind es schon sieben. Immer mehr Frauen betreten den Raum. Eine kämpft sich auf Krücken über die vielen Treppen nach oben. Überschwänglich rufe ich: „Ja, immer gehen die Frauen voran!" Zuletzt erscheinen noch ein Mann und der Akademie-Dirigent. Wir sind also drei Männer und 27 Frauen. Das nenne ich einen Erfolg. Schließlich sind die Proben freiwillig und die Choristen sowieso schon endlos belastet. Die Männer kommen auch noch, beruhigen mich die Damen, sie brauchen immer etwas länger.

Die Texte waren schon vor dem Sommer verteilt worden, trotzdem fehlen jetzt welche. Schlecht! Ich hadere noch mit mir, da öffnet eine Dame von der Kantorei ihre Tasche und präsentiert einen Stapel Texte. Die lagen bei uns noch rum, ich habe sie mitgebracht. Danke. Diese Dame war mir schon früher aufgefallen bei Proben am Carl-Ritter-Platz. Sie erschien als eine Art guter Geist und stummer Diener der Kantorei, ordnete Noten und führte mich in den Gemeindesaal. Es kann losgehen. Käthchen, schläfst du?, beginnen die Männer zögerlich. Nein, mein verehrter Herr, antworten die Frauen. Und doch hast du die Augenlider zu. Die Augenlider? Ja; und fest, dünkt mich. Ach, geh! Was! Nicht? Du hättst die Augen auf? Groß auf, so weit ich kann, mein bester Herr; Schön! Das klingt schön. Sie schwört, im Schlaf die Augen weit auf zu haben. Wunderbar.

*Proben zum Käthchen-Projekt im Kleist Forum Frankfurt (Oder)*

„Wer gibt eigentlich den Einsatz?", meldet sich eine Frau aus der Akademie. „Niemand, den müssen Sie gemeinsam finden. Es soll keinen Dirigenten geben." „Wo werden denn die Darsteller von Käthchen und dem Ritter sein?" „Das weiß ich noch nicht. Sie sind jetzt die Darsteller." „Was werden wir denn anhaben?" „Was Sie wollen. Warm muss es sein. Wir sind ja Ende Oktober in der kalten Marienkirche. Und ein Kleid oder ein Rock wär schön – ich meine keine Hosen." Einige Damen lächeln. Was für eine bezaubernde Situation. Dieser Ritter vor dem schlafenden Mädchen. „Reden Sie im Schlaf?"

Ich schaue in die Runde. Die Frauen heben wieder an: O geh! Verliebt ja, wie ein Käfer, bist du mir. Ein Käfer! Was! Ich glaub du bist – ? wahrscheinlich würde er jetzt sagen, nicht mehr ganz bei Troste oder einfach verrückt. Aber es kommt noch besser. Käthchen prophezeit: Zu Ostern, übers Jahr, wirst du mich heuern. So! Heuern! In der Tat! Das wußt ich nicht! Der Ritter ist sprachlos. Und wieder die Frauen. Ein Cherubim, mein hoher Herr, war bei dir, mit Flügeln, weiß wie Schnee, auf beiden Schultern, und Licht – o Herr! Das funkelte! Das glänzte! Der führt, an seiner Hand, dich zu mir ein. Gibt es etwas Schöneres als einen Kindertraum? Versuchen Sie das ganz stark zu machen. Es ist keine Frage von Lautstärke. Sie müssen jubeln.

Und endlich dämmert es dem Ritter. So wahr, als ich will selig sein, ich glaube, da hast du Recht. Ja, mein verehrter Herr. Endlich! Möchte man sagen. Mein Gott, jetzt hat er's! In das Lachen hineinrufend: „Und jetzt die Männer völlig entsetzt." Das Mal – Schützt mich, ihr Himmlischen! Das hast du? Je, freilich! Nun steht mir bei, ihr Götter: Ich bin doppelt! Ein Geist bin ich und wandele zur Nacht! Ja, das ist nun wirklich zu viel für den Ritter. „Das war's. Vielen Dank für heute. Und bitte lernen Sie! Sie werden sehen wie schön es ist, mit gelerntem Text umzugehen. Und sprechen Sie laut, wenn Sie lernen. Das Drama ist nicht zum Lesen geschrieben. Das Drama braucht den Raum. Die Auseinandersetzung! Das Spiel! Meine Damen!!! Meine Herren! Das Drama braucht Sie!" (Gelächter)

Ich verlasse das Forum. Kleist war es nie vergönnt, ein eigenes Stück auf der Bühne zu sehen. Wie sollte das ein Dramatiker aushalten. Ende November war er damals schon tot. Für ihn war eben kein Ort, nirgends.

Einen Monat später bekomme ich von einer Choristin nach der Probe ein Weihnachtsgeschenk. „Wir sehen uns ja erst im neuen Jahr wieder und – Sie werden lachen – es ist für die kalte Kirche. Danke."

Auf der Heimfahrt im Zug öffne ich vorsichtig das Geschenk. Eine Karte, ein Tüte mit Plätzchen und – grüne Socken. Selbstgestrickt. Grüne Socken für Kleist!

---

**Hans-Joachim Frank**, geboren 1954 in Marisfeld (Thüringen), ist Schauspieler, Regisseur und Leiter des Theaters 89 in Berlin, das er gründete. In Frankfurt (Oder) führt er Regie beim mehrjährigen „Käthchen"-Projekt, einer Open-Air-Inszenierung mit Bürgern aus Frankfurt und dem benachbarten Slubice.

EGON FRIEDELL

# Gigantische Einmaligkeit

Das stärkste dramatische Genie des Zeitalters, ja vielleicht Deutschlands, Heinrich von Kleist, müßte man einen Vollromantiker nennen, wenn er nicht gleichzeitig zwischen Lessing und Ibsen der schärfste psychologische Naturalist des Theaters gewesen wäre: gerade in dieser paradoxen Mischung besteht ja seine gigantische Einmaligkeit. Es findet sich, wie oft hervorgehoben worden ist, in allen seinen Dramen ein irrationales, ja pathologisches Moment: der Somnambulismus im „Prinzen von Homburg", der Sadismus Thusneldas und Penthesileas, das Halluzinieren Käthchens und des Grafen vom Strahl; und auch wo sie auf direkte Wunder verzichten, haben sie den Charakter von Bühnenmysterien. Kleists durchgängiges, höchst romantisches Thema ist die „Gefühlsverwirrung". Daneben aber (und eigentlich sind das gar keine Gegensätze) ist er der erste, der den modernen Menschen auf die Bühne gebracht hat, als Problem der „Tiefenpsychologie", in seiner unendlichen Differenziertheit und Vielbodigkeit. Man betrachte nur als ein einziges Beispiel, wie Kleist eine verhältnismäßig so einfache Figur wie den Kurfürsten im „Prinzen von Homburg" gestaltet. Schiller hätte ihn vermutlich als harten, schließlich erweichten Soldatenfürsten dargestellt, Goethe als edlen, pflichterfüllten Staatslenker. Kleist schildert ihn als Opfer eines „Brutuskomplexes". Es liegt dem Kurfürsten natürlich ganz fern, etwa einen Brutus in Kanonenstiefeln posieren zu wollen; trotzdem darf man sagen: hätte es nie einen Brutus gegeben, so würde der Kurfürst anders handeln. Der Prinz tut ihm sicher unrecht, wenn er an einer herrlichen Stelle des Dramas (die beweist, wie im Munde eines Dichters die trivialsten Worte sich zum strahlendsten Pathos steigern können) den Ausruf schmettert: „Und wenn er mir in diesem Augenblick wie die Antike starr entgegenkömmt, tut er mir leid, und ich muß ihn bedauern!" Aber die Brutusvorstellung lebt in ihm dennoch als versunkenes Erinnerungsbild seiner Jugend, seiner Träume, ja seiner Väter und Vorväter und wirkt als stärkstes Motiv seines Handelns.

Wie eminent modern Kleist auch in der Form war, zeigt der „Robert Guiskard", von dem Wieland sagte: „Wenn der Geist des Aschylus, Sophokles und Shakespeare sich vereinigten, eine Tragödie zu schaffen, so würde das sein, was Kleists Tod Guiskards des Normannen, sofern das Ganze demjenigen entspräche, was er mich damals hören ließ. Von diesem Augenblick an war es bei mir entschieden, Kleist sei dazu geboren, die große Lücke in unserer Literatur auszufüllen, die, nach meiner Meinung wenigstens, selbst von Schiller und Goethe noch nicht ausgefüllt worden ist." Er ist bekanntlich nur als Fragment erhalten: Kleist hatte das Manuskript verbrannt und schrieb vier Jahre später die ersten zehn Auftritte neu. Es ist aber gar kein Fragment, sondern ein vollendetes Kunstwerk, gerade dadurch, daß er nicht im klassischen Sinne „fertig" geworden ist, sondern über sich hinausweist. Man erlebt in den wenigen Szenen dieses „Torsos" eine restlose tragische Gefühlsauslösung und versteht, warum Kleist das komplette Drama vernichtete: nicht in einer „Aufwallung von Schwermut", sondern als Künstler.

Es ist begreiflich, daß Goethe hier weder folgen konnte noch wollte. Offenbar beleidigte ihn an Kleists Dichtung gerade das, was ihre Eigenart ausmachte: ihre hellseherische Psychopathologie, ihr Wille zur Irrationalität in Form und Inhalt und ihre Überlebensgröße. Die Art, wie die Menschen Leben in Gestalt umsetzen, kann sich auf dreierlei Weise vollziehen. Die meisten bleiben unter dem Leben: ihre Personen sind leerer, törichter, unpersönlicher als die Wirklichkeit. Und zwar liegt dies nicht daran, daß sie nicht richtig sehen können (daß sie es können, beweist der Traum: in keinem Traum der Welt kommt eine verzeichnete Figur vor), sondern es fehlt ihnen lediglich die Gabe der Übersetzung. Nur darum ist das Dichten eine „Kunst". Wer benimmt sich so albern und uninteressant wie die Figuren einer Operette oder eines Provinzblattromans? Dann gibt es Künstler, in deren Phantasie sich die Menschen in Megatherien verwandeln, in Fabeltiere von überwirklichem Wuchs und Seelenraum; man denke an Dante, Äschylus, Shakespeare, Michelangelo. Und schließlich gibt es Gestalter, denen das Selbstverständlichste und Seltenste gelingt: die Maße des Lebens zu wiederholen. Zu ihnen hat Goethe gehört, und darum hat es so lange gedauert, bis er es über sich brachte, sich Schiller zu nähern, und darum mußte er sich von Kleist ebenso abgestoßen fühlen wie von Kotzebue, den beiden Gegenpolen, zwischen denen er sich in der goldenen Mitte seiner natürlichen Lebensgröße befand.

*Aus: „Schriftsteller über Kleist", mit freundlicher Genehmigung des Aufbau-Verlages*

---

**Egon Friedell** (1878–1938) war ein österreichischer Kabarettist, Kulturphilosoph, Journalist, Conférencier, Religionswissenschaftler, Dramatiker, Historiker und Übersetzer. Zu seinen wichtigsten Werken gehört die „Kulturgeschichte der Neuzeit" (1931).

WILHELM GENAZINO

# Verinnerlichte Ohnmacht

*Auszüge aus seiner Dankrede zum Kleist-Preis 2007*

Kleist hat seine stärksten Katastrophen fast noch als Kind erlebt. Er war elf Jahre alt, als er seinen Vater verlor. Als hätte das nicht schon gereicht, versetzte ihm seine rätselhafte Mutter einen weiteren Schlag. Sie gibt ihn in die Obhut eines Erziehers, das heißt sie löst ihn aus dem familiären Zusammenhang heraus. Von einer Freundin der Familie wissen wir, dass Kleist „schon seine Kindheit… verbittert war", „da seine Erzieher die eigentümliche Organisation des Knaben zu beachten nicht der Mühe wert hielten". Nach Kleists Tod berichtete C.E. Albanus an Tieck, „Kleist sei ein nicht zu dämpfender Feuergeist" gewesen, „unstet" und „der Exaltation selbst bei Geringfügigkeiten anheimfallend"…

Jeder, der lebt, wird zum Teilhaber des Entsetzens seiner Zeit, und niemand überlebt die Durchfilterung seines Ichs, ohne einen Teil der objektiven Gewalt als subjektive Gewalt privatisieren zu müssen. Die Gesellschaft wartet immer gerne darauf, dass bei dieser intimen Operation einer verrückt wird, weil ihre eigene immanente Gestörtheit dabei unzensiert öffentlich werden und dabei gleichzeitig besichtigt, toleriert und verurteilt werden darf.

Fünf Jahre nach Kleists Vater starb auch die Mutter. Kleist war jetzt fünfzehn und trat als Gefreiter-Korporal in das Garderegiment Potsdam ein. Er ist jetzt das, was wir heute einen Kindersoldaten nennen… Ein Kindersoldat verhält sich auch zu sich selbst wie ein ranghöherer Militär. Er lebte in einer sich selbst fortzeugenden Stummheit, die er auch später nicht aufgebrochen hat. Dass etwas nicht stimmte mit diesem verstümmelten Leben, zeigte sich 1799, als Kleist, jetzt 22 Jahre alt, die Welt des Militärs überraschend verließ.

Mit der Abwendung vom Militär vertauschte Kleist die Erwartbarkeit des heißen Todes auf dem Schlachtfeld mit dem schleichenden Tod im frühbürgerlichen Überlebenskampf. Tatsächlich hat er auch diesen nicht gewonnen. Bis zu seinem Selbstmord lebte er in einer inneren Katastrophenverfassung, die sich besonders in seinen Erzählungen abbildet…

Es ist nicht originell, sondern bloß naheliegend, in Kleists Katastrophenszenarien ein nach außen gestülptes Fiktionsgerüst seines dramatischen Ichs zu sehen.

Sonderbar bleibt, dass Kleist auf die Darstellung von Innenwelt fast vollständig verzichtet. Das ist insofern rätselhaft, weil auch Kleist bekannt war, dass jede Katastrophe einmal vorübergeht, die Erfahrung mit ihr aber niemals. Nicht einmal auf eine angemessene Reflexion eines zurückliegenden Scheiterns lässt sich Kleist ein. Ist ein Unglück eingetreten, schiebt er gleich das nächste nach.

In den Erzählungen fehlen fast vollständig Reflexe der Scham und der Melancholie, an denen es den Protagonisten doch nicht mangeln kann. Seine Figuren arbeiten sich an der äußeren Schale der Ereignisse ab. Diese Art der Konfliktbewältigung war auf jeden Fall männlich-ereignisüberwindend. Insofern kann man sagen, Kleist hat auch mit militärischer Disziplin erzählt. Als Leser hat man zuweilen den Eindruck, Kleist selber nimmt den Standpunkt der Katastrophe ein, nicht die Empfindung derer, die sie erleiden.

Was Kleist in seiner Schlag-auf-Schlag-Diktion vor allem interessiert hat: die Freilegung des traumatischen Kerns des menschlichen Existierens. Die Menschen erfahren nicht, mit welchem Ziel sie niedergebeugt und wieder aufgerichtet und wieder niedergebeugt und wieder aufgerichtet werden. Sie dürfen über den Wellengang ihres Geschicks nicht nachdenken, weil sie dabei zu viel Zeit verlieren und noch dazu in den Hinterhalt des Unglücks geraten. Das ist der Grund, warum Kleists Figuren kaum reflektieren: Sie sitzen im Schleudersitz ihres Glückszwangs, der ihnen Besinnungspausen nicht gönnt. Das Glück am Glück ist seine Aufschiebbarkeit. Auch wer das Glück verfehlt hat, darf es wieder neu suchen, ohne sich von seinem Scheitern beeinträchtigt zu fühlen.

Hätte Kleist seinen Figuren erlaubt, ihre Lebensziele in Zweifel zu ziehen, das heißt: sich zu ihren Fiktionen zwiespältig zu verhalten und sie dadurch als Fiktionen zu durchschauen – dann wäre Kleist ein moderner Autor gewesen oder geworden, der er nicht war und seiner historischen Seinslage nach nicht hat sein können. Hätten Kleists Figuren ihr Scheitern reflektieren können, dann hätten sie sich in den Idiosynkrasien der Moderne einrichten müssen; wie Kleists späterer Bewunderer Franz Kafka...

Wir, die unfreiwillig Modernen, haben uns daran gewöhnt, das menschliche Glück im Verhältnis zu unseren Kräften zu relativieren. Oder, wie Freud sagt: Glück ist oft nicht mehr als die Vermeidung von Unglück. Der vormoderne Kleist suchte noch das krasse Gegenteil. Der Drang seiner Figuren zu einem verfügbar handlichen Glück – denken wir an Michael Kohlhaas – führt zu Entgrenzung und Tod...

Bis heute gilt die Verletzlichkeit des Subjekts als ein privates Geschehen und ist deswegen kaum kommunizierbar. Insofern ist bei Kleist die Ohnmacht ein Versuch der Individuen, dem Sog des Traumatischen durch Öffentlichkeit zu entkommen. Durch eine Ohnmacht sind die Einzelnen gezeichnet, und als Gezeichnete darf man sie auf ihre Ohnmacht, das heißt auf ihre Kränkung ansprechen. Damit haben sie den Kohlhaas'schen Panzer durchbrochen, den Kleist so formuliert hat: „Kohlhaas gab mit keiner Miene zu erkennen, was in seiner Seele vorging." Die Ohnmacht ist ein bemerkenswerter Versuch des Subjekts, die Knebelung des Innerlichen zu verlassen und sich als ein Ich darzustellen, das von keiner geltenden Ethik, auch nicht der preußischen, diszipliniert werden kann.

Zu Lebzeiten Kleists konnten sich selbst kühne Gesellschaftsbeobachter nicht vorstellen, dass der Mensch in der bevorstehenden Moderne faktisch kaum noch in Ohnmacht fallen wird, obgleich es an passenden Anlässen kaum mangelte. Die ohnmächtig umsinkende Salondame wurde ein Stilmoment in Chaplins Stummfilmen, eine Sequenz der Lächerlichkeit, über die sich die Zuschauer zu amüsieren lernten. Dafür verlagerte das moderne Ich das Ohnmachtsgefühl als permanentes Überwältigtsein in die inneren Bezirke. Heute ist die verinnerlichte Ohnmacht zu einem gewöhnlichen Kulturgefühl von uns allen geworden...

*Abdruck mit freundlicher Genehmigung des Autors und der Kleist-Gesellschaft*

Der Schriftsteller **Wilhelm Genazino**, geboren 1943 in Mannheim, ist 2004 mit dem Georg-Büchner-Preis und 2007 mit dem Kleist-Preis ausgezeichnet worden. Zu seinen bekanntesten Romanen zählen „Eine Frau, eine Wohnung, ein Roman" und „Die Liebesblödigkeit".

TORSTEN GESSER

# Wie man Marionetten tanzen lässt

Für jeden Puppenspieler ist er ein Muss: Heinrich von Kleists Essay „Über das Marionettentheater". Er bespricht dort ganz grundlegende Dinge, die das Marionettenspiel ausmachen, Schwerkraft zum Beispiel und die Frage, was der Spieler selbst können muss, um es auf die Puppe zu übertragen. Wie wichtig ist es, dass er eine Vorstellung von Tanz hat, wenn er die Marionette tanzen lassen will?

Der Text ist einfach eine wunderbare Theorie, um über das Metier zu fachsimpeln. Auch während meines Studiums gehörte er zum Unterrichtsstoff. Es war meine erste Begegnung mit Heinrich von Kleist, und anfangs war es mir, zugegeben, eher kein Bedürfnis, sondern ein Bedrängnis, sich mit ihm auseinanderzusetzen. Es kostet inhaltlich schon Überwindung. Im Oktober 2010 habe ich mich mit dem Text im Rahmen eines internationalen Workshops in Turin beschäftigt. Ihn theatral umzusetzen, wie wir es dann auch im Theater des Lachens gemacht haben, ist schon schwer.

Kleist eignet sich vielleicht nicht besonders für das Puppentheater. Aber er eignet sich. In seinen Stücken erzählt er Geschichten, mit denen man sich identifizieren kann. Ich denke auch, dass er heutig ist. Die Form, wie man etwas erzählt, hat sich natürlich verändert, aber die Themen sind doch die gleichen geblieben.

*Szene aus „Kleist – Über das Marionettentheater oder die Überwindung der Schwerkraft in drei Akten", 2010 im Theater des Lachens, Frankfurt (Oder). Es agiert Alice Therese Böhm.*

Mir hat eine Inszenierung des „Käthchen von Heilbronn" sehr gefallen, mit der das Magdeburger Theater einmal in Frankfurt gastierte. Da hat man gar nicht gespürt, dass Kleists Sprache so kompliziert ist. Für mich selbst ist es sehr schwierig, diese Texte in den Kopf zu bekommen. Bei uns im Puppentheater entsteht ja viel aus der Improvisation. Kleist aber hat diese besondere Sprache. Wenn ich das pur lernen muss, finde ich es ganz schön heftig.

Eine grundlegende Lust auf Kleist hatte ich eigentlich nie. Aber je mehr ich von ihm kennenlerne, umso spannender finde ich ihn. Frankfurt (Oder) hat mit dem Dichter einen großen Sohn, und es ist gut, sich als Stadt dazu zu positionieren.

**Torsten Gesser,** geboren 1966 in Bad Freienwalde, ist Puppenspieler und Leiter des Frankfurter Theaters des Lachens. Während des Festivals „Osthafen III" im November 2010 brachte das Haus die Inszenierung „Kleist – Über das Marionettentheater oder die Überwindung der Schwerkraft in drei Akten" zur Premiere. Gesser wirkte darin mit.

JOHANN WOLFGANG GOETHE

# Unsichtbares Theater

*An Adam Müller*

*Karlsbad, den 28. August 1807*

Über „Amphitryon" habe ich manches mit Herrn von Gentz gesprochen; aber es ist durchaus schwer, genau das rechte Wort zu finden. Nach meiner Einsicht scheiden sich Antikes und Modernes auf diesem Wege mehr, als daß sie sich vereinigten. Wenn man die beiden entgegengesetzten Enden eines lebendigen Wesens durch Kontorsion zusammenbringt, so gibt das noch keine neue Art von Organisation; es ist allenfalls nur ein wunderliches Symbol, wie die Schlange, die sich in den Schwanz beißt. „Der zerbrochene Krug" hat außerordentliche Verdienste, und die ganze Darstellung dringt sich mit gewaltsamer Gegenwart auf. Nur schade, daß das Stück auch wieder dem unsichtbaren Theater angehört. Das Talent des Verfassers, so lebendig er auch darzustellen vermag, neigt sich doch mehr gegen das Dialektische hin; wie es sich denn selbst in dieser stationären Prozeßform auf das wunderbarste manifestiert hat. Könnte er mit eben dem Naturell und Geschick eine wirklich dramatische Aufgabe lösen und eine Handlung vor unsern Augen und Sinnen sich entfalten lassen, wie er hier eine vergangene sich nach und nach enthüllen läßt, so würde es für das deutsche Theater ein großes Geschenk sein. Das Manuskript will ich mit nach Weimar nehmen, in Hoffnung Ihrer Erlaubnis, und sehen, ob etwa ein Versuch der Vorstellung zu machen sei. Zum Richter Adam haben wir einen vollkommen passenden Schauspieler, und auf diese Rolle kommt es vorzüglich an. Die andern sind eher zu besetzen.

*Aus „Schriftsteller über Kleist", mit freundlicher Genehmigung des Aufbau-Verlages*

**Johann Wolfgang Goethe** (1749–1832) half, das Kleist-Stück „Der zerbrochene Krug" am 2. März 1808 zur Uraufführung zu bringen. Es wurde ein Misserfolg. Das Verhältnis zwischen Kleist und Goethe war seitdem gespannt.

## DIETER GOLTZSCHE

*Dieter Goltzsche*
***Verlobung in St. Domingo**,*
*Lithografie, 1967*

**K**leist las ich sehr früh, die Lust an den Extremstoffen und an den langen Sätzen hatte es mir angetan, dann gab es große Pausen bis zu Wiederbegegnungen, ich machte innerhalb eines Auftrages in den 70er-Jahren zu den Kleist-Novellen das Blatt „Verlobung in St. Domingo", wie oft eine harte Darstellung. Die Jury fand die Lithografie, die schon als Auflage vorlag, zu pessimistisch. Offenbar eine erzwungene Funktionärsbehauptung von Leuten, die echte Literatur kaum lasen, lesen.

**Dieter Goltzsche**, geboren 1934 in Dresden, lebt in Berlin. Er war von 1992 bis 2000 Professor an der Kunsthochschule Berlin-Weißensee und ist seit 1990 Mitglied der Berliner Akademie der Künste.

ASTRID GRIESBACH

# Diese blödsinnige Gerechtigkeit

Meine erste Begegnung mit Heinrich von Kleist – das war in der Schule. „Prinz Friedrich von Homburg". Aber die Geschichte war mir irgendwie zu somnambul und wohl auch eher was für Jungen.

Bewusst habe ich Kleist dann wirklich zum ersten Mal in Frankfurt (Oder) wahrgenommen. Über das Kleist-Museum. Das Haus hat diese Gauben und wirkt wie ein Gesicht, das böse in die Stadt schaut. Es lag da ziemlich viel Deutungsstoff drin: Ich war in der Stadt, in der der Dichter geboren wurde, aber dorthin, wo er starb, konnte ich damals nicht. Ich fragte mich: Wie mag dieser Wannsee aussehen? Und wie groß ist der kleine?

Dann gab es am Kleist-Theater die „Hermannsschlacht", das muss noch vor 1989 gewesen sein. Die Inszenierung hat mich damals sehr beeindruckt. Von da war es nicht mehr weit bis zu unserem „Kohlhass" am Theater des Lachens. Die Geschichte hat mich interessiert. Diese blödsinnige Gerechtigkeit. Rechts- und Unrechtsstaat. Dabei klebten einem damals, kurz nach der Wende, ganz andere Themen am Bein. Man hatte so viel mit sich selbst zu tun.

Der Rosshändler aber war klar zu greifen. Also haben wir die Geschichte eines großen Scheiterns erzählt. Und von der Lust an der Anarchie. Wir haben diese Anarchie auf den Spielvorgang übertragen. Und versucht, der Bitterkeit der Geschichte über einen närrischen Ansatz nahe zu kommen. Die Frage ist ja immer: Was ist gute Unterhaltung? Für mich heißt das, den Kopf durch den Bauch zu berühren.

An der Figur des Kohlhaas kann man sich zu allen Zeiten unterschiedlich reiben. Sie ist immer neu interpretierbar. Eine ganz heutige Geschichte: Die Ordnung soll wieder hergestellt werden. Bei Stuttgart 21 haben wir das wieder erlebt. Jemandem soll etwas weggenommen werden, und dagegen wehrt man sich. Eine der gelungensten Kohlhaas-Adaptionen überhaupt ist für mich übrigens der Film „Muxmäuschenstill". Da zieht ja auch einer aus und sagt, ich schaffe jetzt mal Ordnung.

„Die Hermannsschlacht" und „Kohlhaas" sind die beiden einzigen Texte von Kleist, die mich als Regisseurin interessieren. „Der zerbrochne Krug" zum Beispiel gar nicht. Für mich ist immer wichtig, wie sich die Zeit in etwas widerspiegelt. Sonst fixt mich das nicht an.

Dass Frankfurt (Oder) nicht mehr aus seinem Sohn macht, finde ich schade. Da müssten ständig Foren über Gerechtigkeit sein, Kleist-Zitate an den Häusern. Der ganze Oderturm von oben bis unten mit seinen Texten beschrieben. Wie hält man Kleist lebendig? Das muss man sich fragen. Auch die bürgerliche Mitte der Stadt. In der Außenwirkung ist man einfach nicht stark genug. In Heilbronn, wo ja das „Käthchen" spielt, aber wo man sonst gar nichts mit Kleist zu tun hat, läuft das viel besser. Vielleicht würden Projekte wie „Art in Residence" helfen. Künstler, die vor Ort zu Kleist arbeiten und sich nicht nur einen Preis abholen und wieder weg fahren.

Kleist war der kritische Geist seiner Zeit. Er hat sich nicht angepasst wie dieser in sich selbst ruhende Goethe. Der war ein opportunistischer Langweiler. Auch darum halte ich es eher mit Kleist.

Er ist echt ein Bonbon: Eine Stadt, die so einen Sohn hat … Darauf kann man stolz sein. Aber es ist auch eine Verantwortung.

Die Puppenspielerin **Astrid Griesbach**, geboren 1956 in Meiningen, leitete von 1992 an das „Kleine Theater" in Frankfurt (Oder), aus dem später das „Theater des Lachens" wurde. Kleists Novelle „Michael Kohlhaas" wurde bei ihr zu „Kohlhass" und begründete den wachsenden Erfolg der Truppe. Heute unterrichtet Astrid Griesbach an der Berliner Hochschule für Schauspielkunst Ernst Busch im Fachbereich Puppenspiel.

WILHELM GRIMM

# Merkwürdige Geschichte eines Roßhändlers

Drei Erzählungen machen den Inhalt des Buchs aus. Unter diesen nimmt die erste: „Michael Kohlhaas", die aus einer alten Chronik entlehnt ist, den meisten Raum wie den ersten Rang ein. Sie enthält die ungemein merkwürdige Geschichte eines Roßhändlers, „den das Rechtgefühl zum Mörder und Räuber machte". So umständlich und ins einzelne gehend die Schilderung oft ist, so ermüdet man doch nie darüber, weil alles zum Ganzen paßt und es mehr oder weniger fördert – und steht man nun am Schlusse, so kann man sich des Staunens und der Bewunderung nicht erwehren, welcher Kraftäußerungen dieser Mensch fähig war, der sich von einer Idee begeistert fühlte; wie er, sie zu realisieren, Gut und Blut nichts achtete und wie, als ihn die versagte Ausführung seines Willens zur Eigenmächtigkeit verleitete und die neue Vereitelung auch dieses Versuches, seinen Willen durchzusetzen, ihn zuletzt bis zur Raserei und unmenschlichen Grausamkeit fortriß, daß eine ganze Provinz darunter litt – wie bei dem allen er den Menschen Achtung abnötigte und sie zu dem Geständnis zwang, daß selbst die durch Ausschweifung oder Schwärmerei entstellte Idee nicht ohne eine gewisse Größe ist. Manches grenzt ans Märchenhafte, wie der Umstand, daß aus einem so kleinen Gegenstand des Streits, als die zwei Rappen sind, so wichtige und gefahrdrohende Folgen für ein ganzes Land entstehen. ... Allein auch in der hartnäckigen Verweigerung des prophetischen Zettels ist der unerschütterliche Sinn des Mannes treffend geschildert; und mit dieser Festigkeit macht die Beängstigung des Kurfürsten einen wunderbaren Kontrast.

*Aus „Schriftsteller über Kleist", mit freundlicher Genehmigung des Aufbau-Verlages*

**Wilhelm Grimm** (1786–1859) war Sprach- und Literaturwissenschaftler. Er machte sich um die Sammlung von Sagen und Volksmärchen verdient, die er gemeinsam mit seinem Bruder Jakob herausgab. Der Beitrag ist ein Auszug aus der Rezension des ersten Bandes der „Erzählungen von Heinrich von Kleist", erschienen 1810.

DIETHER JÄGER

# Kein Bild ist endgültig, kein Satz nur in eine Richtung interpretierbar

*„Ach, es muss öde und leer und traurig sein, später zu sterben als das Herz."*
*Heinrich von Kleist an Caroline von Schlieben, am 18. Juli 1801*

Als das Kleist-Theater nach 158 Jahren in Frankfurt (Oder) im Jahr 2000 geschlossen wurde, war ich 56. Ich hatte seit 1967, vier Jahre später mit festem Engagement, bis zum letzten Tag des Theaters, das den Namen eines der berühmtesten Söhne der Oderstadt trug, in etwa 200 Inszenierungen auf der Bühne gestanden, darunter natürlich in einigen Kleist-Stücken. Ich erinnere mich schmerzlich an den April, in dem hinter allen Aufführungen stand „Zum letzten Mal". Und als der letzte Vorhang gefallen war, kam mir ein Zitat aus einem Brief von Heinrich von Kleist in den Sinn. Ich fühlte mich, als hätte er ihn an mich gerichtet: „Ach, es muss öde und leer und traurig sein, später zu sterben als das Herz." Mit Kleists „Hermannsschlacht" und „Prinz Friedrich von Homburg" bin ich in die letzte Spielzeit gegangen.

Unser letzter Intendant, Manfred Weber, hat den Homburg dreisprachig spielen lassen: in Deutsch, Englisch und Bosnisch-Kroatisch. Der Balkankonflikt war ein beherrschendes politisches Thema zu der Zeit. Kroatisch musste ich nicht lernen, denn Weber besetzte die Rollen in den jeweiligen Sprachen alternierend. In meinem Bühnenleben habe ich ja mehrfach Kleist gespielt. „Die Hermannsschlacht" und „Homburg" standen in den 1970er-Jahren bereits im Spielplan, damals inszenierte Wolfgang Fleischmann. So im Rückblick ist das sehr interessant. Fleischmann gab nicht nur jeder Kleist-Figur ihre exponierte Stellung auf der Bühne, was sicher ganz im Sinne des Dichters war, Fleischmann kam es damals insbesondere auf den Konflikt Gesellschaft-Individuum an. Das Individuum wurde in der DDR allzu oft dem Kollektivismus unterworfen, was für wenig Souveränität der herrschenden Macht sprach. Fleischmann hat die Rolle des Individuums und die der Gemeinschaft seinerzeit ganz schön forsch beleuchtet, die kurzen Momente, in denen Entscheidungen fallen, die das Leben in eine andere Richtung laufen lassen. Und bei Kleist weiß

*Szene aus der Inszenierung „**Der zerbrochne Krug**", Kleist-Theater Frankfurt (Oder), 1982, mit Jürgen Watzke als Adam und Diether Jäger als Schreiber Licht (r.)*

man nie, ob man nun Zeuge des Augenblicks ist oder Zeuge der Folgen. Das hat mich immer an seinen Stücken begeistert. Man konnte sich nie sicher sein, kein Bild war endgültig, kein Satz nur in eine einzige Richtung zu interpretieren. Das war für mich eine große Herausforderung.

Als Weber die Stücke inszenierte, nach der Wende, wählte er eine andere Sicht, eben der anderen Zeit entsprechend. Er rückte den Freiheitsgedanken mehr in den Mittelpunkt. Und da haben wir es wieder: In den Stücken Heinrich von Kleists findet sich jede Zeit. Kein Wunder für mich, dass er damals verzweifelte, weil die wenigsten Menschen um ihn herum erkannten, dass sein fortwährendes Thema eigentlich immer wieder in neuer Gestalt erschien und wie ein Schrei bis heute in die Welt schallt: wie kann ich ein glücklicher Mensch sein und trotzdem in der Gemeinschaft meinen Platz finden, ohne Schaden an der Seele zu nehmen?

Kleists Sprache hat mich beim Erarbeiten der Texte ergriffen. Zu Anfang hat es mich fast wahnsinnig gemacht, als ich feststellte, wenn ich auch nur leicht die Betonung seiner Worte verschob, kam plötzlich ein anderer Sinn heraus. Dadurch musste ich mich mit dem auseinandersetzen, was er gemeint haben könnte in seiner Zeit und was das heute bedeuten könnte. Wenn man die Versform einmal drauf hat, liebt man diese Sprache. Kleist baut in zwei, drei Sätzen Bilder, eine Welt auf. Nach den Vorstellungen war ich aber auch oft fix und fertig, denn die Wucht der Kleist'schen Gedanken ging nie an mir spurlos vorbei. Aber sind das nicht Glücksmomente für einen Schauspieler?

Gern habe ich auch den Schreiber Licht in „Der zerbrochne Krug" Anfang der 1980er-Jahre gespielt. Jürgen Watzke war der Adam. Wilfried Mattukat hatte eine irre Bühne gebaut, eine schwankende! Die sollte symbolisieren, wie sehr der Boden nachgab unter den Machenschaften. Das reizvolle Lustspiel von Kleist erhielt dadurch in Frankfurt am Theater seines Namens eine ganz interessante Dimension. Mattukats Idee hat mich tief beeindruckt. Die Premiere begann übrigens mit einem Lacher, der so nicht gewollt war. Wir spielten mit echten Hühnern. Und als der Vorhang hoch und das Licht anging, kamen die Hühner munter auf die Bühne spaziert. Irgend jemand hatte den Stall hinter der Bühne nicht richtig abgesperrt. Schreiber Licht, also ich, musste sie erst mal einfangen – unter dem Gelächter des Publikums. Fortan war mein erster Gang vor Vorstellungsbeginn zum Hühnerstall.

Heute werde ich hin und wieder zu Kleist-Lesungen eingeladen. Manchmal auch mit meiner Tochter Julia, die ja auch Schauspielerin ist. Seine Briefe zu lesen, ist nicht weniger Vergnügen, als seine Stücke zu spielen. Umso deutlicher brennt sich mir dann angesichts des Verlustes des Kleist-Theaters in seiner Geburtsstadt wieder das Zitat ein: „Ach, es muss öde und leer und traurig sein, später zu sterben als das Herz." Mit dem Theater ist auch ein Stück meines Herzens hingegangen.

**Diether Jäger**, Schauspieler, geboren 1943 in Mückenburg (heute Polen), zunächst Feinmechaniker, später Studium an der Staatlichen Schauspielschule Berlin, ab 1971 fest engagiert am Kleist-Theater Frankfurt (Oder)

FRANZ KAFKA

# Eine Geschichte, die ich mit wirklicher Gottesfurcht lese

*An Felice Bauer*

*Prag, vom 9. zum 10. Februar 1913*

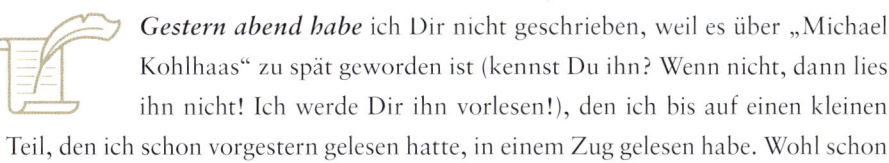

*Gestern abend habe* ich Dir nicht geschrieben, weil es über „Michael Kohlhaas" zu spät geworden ist (kennst Du ihn? Wenn nicht, dann lies ihn nicht! Ich werde Dir ihn vorlesen!), den ich bis auf einen kleinen Teil, den ich schon vorgestern gelesen hatte, in einem Zug gelesen habe. Wohl schon zum zehnten Male. Das ist eine Geschichte, die ich mit wirklicher Gottesfurcht lese, ein Staunen faßt mich über das andere, wäre nicht der schwächere, teilweise grob hinuntergeschriebene Schluß, es wäre etwas Vollkommenes, jenes Vollkommene, von dem ich gern behaupte, daß es nicht existiert. (Ich meine nämlich, selbst jedes höchste Literaturwerk hat ein Schwänzchen der Menschlichkeit, welches, wenn man will und ein Auge dafür hat, leicht zu zappeln anfängt und die Erhabenheit und Gottähnlichkeit des Ganzen stört.)

*Aus „Schriftsteller über Kleist", mit freundlicher Genehmigung des Aufbau-Verlages*

Der Schriftsteller **Franz Kafka** (1883–1924) schrieb diesen Brief an seine spätere Verlobte. Er soll im Freundeskreis gern aus Kleists „Michael Kohlhaas" vorgelesen haben.

KATRIN KAMPMANN

*Katrin Kampmann „Die Marquise von O…",*
*Tusche, Acryl, Öl auf Leinwand, 200 x 250 Zentimeter*

Kleists Novelle „Die Marquise von O…" lässt den Leser im Unklaren, ob die Marquise nicht bei Sinnen war, als sich ihr Retter an ihr verging, ob sie das Geschehene verdrängt, oder ob sie es, aus Angst vor den Vorurteilen ihres Standes und in Sorge um ihre gesellschaftliche Stellung, leugnet.

Diese Unklarheit korrespondiert mit der teilweisen Abstraktion in meiner Malerei, die in ähnlicher Weise verschiedene Deutungsmöglichkeiten zulässt.

**Katrin Kampmann**, Malerin, geboren 1979 in Bonn, Studium an der Universität der Künste Berlin, lebt und arbeitet in Berlin. Kunstwerke von ihr befinden sich unter anderem in den Deichtorhallen Hamburg, in der Sammlung de Knecht, Amsterdam (Niederlande), und in privaten Sammlungen.

KLABUND

# Fessel und Entfesselung

Wie Hölderlin so hat man auch Heinrich von Kleist (aus Frankfurt a. d. O., 1777–1811) der Romantik zugerechnet. Mit Unrecht. Beide stehen ihrem Wesen nach außerhalb der ganzen Bewegung, sie haben einen anderen Stil-Willen, ein anderes Kunstideal als das der Romantik. Beiden fehlt übrigens die typisch romantische Ironie. Wohl hat Kleist in seinem Schaffen manche Konzessionen an den herrschenden Zeitstil gemacht – auch Goethe hat seinen Tribut an die „Sturm-und-Drang"-Zeit entrichtet. Fessel und Entfesselung: das ist Kleists Leben und das tragische Element seiner dahinrasenden emporgeschleuderten Dramen. Er macht die märkische Sandheide zum Märchenland. Er realisiert den Traum. Er gestaltet aus einem Rausch der Sachlichkeit. Aus einem Fanatismus zum Absoluten. Er entzaubert die Phantasie.

Bei ihm rauscht kein Brunnen in der verschlafenen Sommernacht: sondern ein Krug geht zum Wasser – bis er bricht. („Der zerbrochene Krug".) Den intellektuellen Frauen der Romantiker stellt er jene süße, kindliche, unwissende, reine Gestalt des Käthchens von Heilbronn gegenüber: die liebt, weil sie lieben muß. Die unerschütterlich an ihr Herz glaubt, das Gott ihr verliehen, und die gekrönt war, längst ehe sie gekrönt ward. Welch ein Gegensatz zwischen ihr und der rasenden Amazone Penthesilea, die den Pelion auf den Ossa türmen will, um den Himmel zu erreichen. Aber die Berge bröckeln aus ihrer Hand, und schließlich stürzen sie donnernd über ihr zusammen. Es ist die Tragödie der grenzenlosen Forderung: alles oder nichts. Es ist die Tragödie des Menschen, der über sich hinaus will, aber niemals über sich hinaus kann. Penthesilea ringt mit den Göttern Griechenlands. Der „Prinz von Homburg" mit dem preußischen Gotte der Disziplin. („Einstehe für Pflichterfüllung bis zum Äußersten", telegraphierte der Gouverneur von Kiautschou 1914.) Pflichterfüllung bis zum Äußersten war dem homburgischen Prinzen gesetzt. Er hat sie verletzt und soll den Tod erleiden. Zuerst erscheint ihm der Tod als etwas Unfaßbares, er bricht unter der Last der Furcht zusammen: aber es gelingt ihm, sich emporzureißen und, das Gesetz der inneren Pflicht erkennend, sich ihm freiwillig zu beugen. Er wird aus einem unfreien zu einem freien Menschen. Die Todesnähe bringt ihm das wahre Leben der sittlichen Notwendigkeiten nahe. Er hat den Tod in sich überwunden; so braucht er nicht mehr zu sterben. In die „Hermannsschlacht" hat Kleist seinen Napoleonshaß gegossen. Wie flüssiges Feuer durchbraust er das Drama. Er schäumt wie ein Wolf von den Lefzen auf der Jagd nach dem napoleonischen Fuchs. Napoleon ist ihm der Inbegriff der Tyrannei, der Ungerechtigkeit – und nichts ertrug Kleist weniger. Er schwelgt in einer Orgie des Mordes, die er den verhaßten Franzosen angedeihen lassen möchte, er möchte, daß der Rhein bis obenan ihre zerschmetterten Leichen trüge. Dieser pathologische Haßausbruch ist nur aus Kleists empörtem und verwundetem Gerechtigkeitsgefühl zu verstehen. Auch sein Michael Kohlhaas, der Held der gewaltigsten deutschen Novelle, wird aus verletztem Rechtsgefühl zum Mörder.

Wie Schiller Hölderlin fallenließ, so hat Goethe Kleist in schlimmster Weise vor den Kopf gestoßen. Kleist antwortete mit unversöhnlichem Haß. Haß war bei ihm ein Ausdruck der Selbstzerfleischung. Als sein Schaffen, das er wirklich mit dem Blute seines Lebens schrieb, ohne Echo und Wirkung unter den Zeitgenossen blieb, erschien es ihm sinnlos, weiterzuleben. Er erschoß sich in Wannsee bei Berlin, vierunddreißigjährig.

*Aus „Schriftsteller über Kleist", mit freundlicher Genehmigung des Aufbau-Verlages*

Der deutsche Autor **Klabund** (1890–1928), eigentlich **Alfred Henschke**, verfasste 25 Dramen und 14 Romane, viele Erzählungen, zahlreiche Nachdichtungen und literaturgeschichtliche Werke. Der hier abgedruckte Text stammt aus seinem Werk „Deutsche Literaturgeschichte in einer Stunde", erstmals erschienen 1920.

OLIVER KLUCK

# Kleist und „seine" Stadt

Mit einer Stadt namentlich in Verbindung gebracht zu werden, ist ein etwas seltsames Privileg, schon deshalb seltsam, da der, dessen Namen Verwendung findet, in den wenigsten Fällen dazu im Stande ist, aus dieser Nutzung einen eigenen Nutzen zu ziehen. So erging es beispielsweise Uwe Johnson, dessen Name heute dafür sorgt, dass aus der Stadt Greifswald die Uwe-Johnson-Stadt Greifswald werden konnte. Soweit so gut, doch betrachtet man die Tatsache, dass aus Johnson und vielen anderen, denen heute besondere Bindungen zu Orten nachgesagt werden, erst etwas werden konnte, nachdem sie diese Orte verlassen hatten, nicht selten verzweifelt, tieftraurig vielleicht und ohne Lebenshoffnung, dann wird schnell klar, dass es ein etwas zweifelhaftes Verfahren ist, das mit der Namenspatenschaft Anwendung findet. Speziell bei Schriftstellern bekommt man auf die Frage zur Motivation der Verquickung nicht selten die Antwort, dass das literarische Werk des posthum Berühmten geehrt werden solle. In nicht wenigen Fällen wird jedoch bei der Betrachtung des Werkes offenbar, dass dieses Werk gerade nicht dafür geeignet ist, die in ihm beschriebenen Orte als besonders lebenswert zu empfinden oder anders gesagt: der, dessen Name heute von uns wie selbstverständlich verwendet wird, wäre mitunter gar nicht glücklich, womöglich stolz über diese Art der Auszeichnung.

Das mit der Namenspatenschaft ist also eine merkwürdige Sache, die nicht nur bei Städten Anwendung findet, sondern als Marketingtrick auch bei Flugzeugen, Hotelanlagen und Biersorten. Besonders lohnenswert ist es hier, herauszufinden, wer von den prominenten Besuchern, Söhnen, Töchtern und Benutzern heute mit Vorsatz nicht erwähnt wird, wessen vielleicht noch vor ein paar Jahren bejubelter, Besuch heute verschwiegen wird, welcher Name heute nicht mehr im Gästebuch steht, nachdem die entsprechende Seite aus dem Gästebuch entfernt werden musste. Momentan bin ich Außerhausautor am Deutschen Nationaltheater Weimar, das bekanntermaßen ein Ort der Klassik ist, aber niemals ein Ort nationalistischer Reden, so wie die Stadt Dresden heute eine Stadt ist, die durch die Bomben angloamerikanischet Bomberverbände in Grund und Boden pulverisiert wurde, und fast scheint es, als seien, folge ich der allgemeinen Rhetorik, ausschließlich Alte, Schwache, Frauen und Kinder unter den Opfern dieser Bomben auszumachen, aber kein einziger Nationalsozialist, kein einziger Teilnehmer des Reichstheatertreffens, bei dem nicht nur Gerhart Hauptmann zugejubelt wurde.

Das Springer-Hochhaus in Berlin steht mittlerweile in der Rudi-Dutschke Straße. Der Platz vor dem Rostocker Hauptbahnhof, der zuerst Bahnhofsplatz hieß, dann Adolf-Hitler-Platz, dann Ernst-Thälmann-Platz, ist heute nach Konrad Adenauer benannt, jenem Politiker, der auf das sowjetische Angebot gesamtdeutsch wählen zu lassen, jenen berühmten „lieber die halbe Republik ganz, als die ganze halb"-Spruch geprägt hat, der heute so gerne verschwiegen wird. Da ist es nur gut, dass es in der Kleistzeit noch nicht allzu viele Straßen und Schulen zu benennen galt, dass das Benennungsmonopol noch eindeutiger als solches auszumachen war, leichter zumindest, als es heute der Fall ist. Entsprechend haben sich viele meiner Schriftstellerkollegen mit der Situation arrangiert. Thomas Bernhard beispielsweise, hat die sogenannte Heimat ohne Rücksicht auf eigene Vorteile nach Kräften demontiert, Michel Houellebecq zerwirft seit Jahren heiliges französisches Nationalporzellan.

Das alles hat etwas mit der Notwendigkeit zu tun, Zustände auf unsere Diskursagenda zu hieven, über die angeblich längst genug geredet wurde, die angeblich schon keinen mehr interessieren, thematisch viel zu klein seien, um sich einer vertiefenden Betrachtung als würdig zu erweisen. Das Beschäftigen mit Literatur hat in diesem Demontagesinn immer auch etwas mit den alltäglichen Ärgernissen zu tun, die in ihrer Summe mitunter aus einem Ort einen unmöglichen Ort machen. Die Dinge zu benennen, ist weniger eine Frage von Chronik und Vergangenheit, als vielmehr ein Dienst für die Zukunft, womit jener Grund genannt wäre, der dafür sorgt, dass die Themen aus dem Kosmos Kleist aktuell bleiben.

**Oliver Kluck**, geboren 1980 in Bergen auf Rügen, lebt als freier Schriftsteller in Berlin. Im Mai 2009 gewann er den Förderpreis für Junge Dramatik des Berliner Theatertreffens mit dem Stück „Das Prinzip Meese", 2010 den Kleist-Förderpreis für Junge Dramatiker für „Warteraum Zukunft".

GUIDO GIN KOSTER

# Am Ende hat man von der alten Welt genug

*„… die Wahrheit ist, dass mir auf Erden nicht zu helfen war."*

Im Lissaboner Café der Selbstmörder herrschte großer Betrieb. Die Bestellungen schwirrten mir nur so um den Kopf. Unglaublich, was Tote für einen Durst und Appetit entwickeln können. Seltsamerweise war ich nicht beunruhigt, denn schließlich hatte ich mir Lissabon niemals anders vorgestellt als eben einen Ort, an dem sich Lebende und Tote begegnen. Was für eine Toleranz, beide Existenzformen zuzulassen. Die Espressomaschinen zischten, die Kasse klingelte und der Straßenlärm drang durch die Schwingtür in den hohen, gekachelten Raum. Und dann – trat Bruce ein, lief geradewegs auf meinen Tisch zu, was sicher daran lag, dass die Schwingtür Richtung und Laufgeschwindigkeit vorgegeben hatte. Vor meinem Marmortischchen kam er rechtzeitig zum Stehen und stellte sich höflich vor: „Bruce. Du gestattest?" Notgedrungen ließ er bei dieser jungfräulichen Begegnung die interessanten Einzelheiten aus, denn wer lehnt sich schon beim ersten Händereichen zu weit aus dem Fenster? Sich auf den freien Stuhl niederlassen und gleichzeitig die ausgebreiteten Fotos vor mir zu mustern, das schien ihm eine vertraute Übung zu sein. Dann bekam er unaufgefordert seinen üblichen ‚café grande' hingestellt und der Ober wischte beflissen meine Fotos zur Seite, um Platz für das Lieblingsgetränk seines Lieblingsgastes zu schaffen. Bruce beugte sich gleich zu mir herüber. „Damit kein Missverständnis aufkommt, mein Junge, ich bin weder Päderast, noch Onanist, vielleicht hin und wieder, aber das ist lediglich den Umständen geschuldet, noch ein Toter, wie alle anderen hier. Ich lebe noch, aber sie dulden mich trotzdem unter ihresgleichen. Eine schöne Geste und ich werde ihr Vertrauen nicht enttäuschen und das würde ich dir auch raten." Er lehnte sich wieder entspannt zurück. „Nette Fotos übrigens. Scheinen ja ein ganzes Leben zu erzählen. Na, wer erzählt sich nicht gern selbst die immergleichen, alten Geschichten, ist ja wenig gegen vorzubringen. Man kann ja nicht immerzu fliehen. Es komme, was da kommen muss. Und jetzt schau nicht auf meine Hände. Unschön, wie? Liegt aber nur daran, dass ich diese Woche dazu verurteilt bin, als Schuhputzer zu arbeiten. Um Gottes Willen, ich möchte nichts gegen diesen ehrenwerten Beruf vorbringen, aber wenn ich daran denke, womit ich f r ü h e r meine Brötchen verdient habe, aber lassen wir das. Ich putze übrigens vor Lissabons größtem Friedhof, dem Clemiterio dos Prazeres. Ich beobachte die Trauerzüge, die zerstrittenen Familien und schließe mit mir selbst Wetten ab, wer mit verdreckten Schuhen zum Begräbnis seiner liebsten Tante eilen will. Beinah. Denn meistens entdecken sie mich noch rechtzeitig, damit ich ihnen die gröbsten Brocken von ihren schwarzen Schuhen abwischen kann. Aber ich will dich nicht, in deinem unschuldigen Alter, mit diesen schmerzlichen Geschichten … Wo kommst du eigentlich her?"

Was für eine perfekte Verhörtechnik! Wenn er nicht Deutscher gewesen wäre – was man an seinem Akzent mit Mühe heraushören konnte – ich wäre versucht gewesen, ihn mir in irgendeinem schmutzigen Büro der PIDE unter Salazar vorzustellen. Aber sie werden wohl kaum Ausländer angeheuert haben, um von denen ihre eigenen Landsleute niedermachen zu lassen. „Noch vor fünf Tagen saß ich in einem Hafenbistro in Marseille", murmelte ich und wollte meine Fotos einsammeln, aber er hielt meinen Arm fest. „Marseille? Das ist ja ein äußerst lustiges Zusammentreffen. Marseille … war ich auch mal. Ja." Er schwieg. Und schwieg noch immer, dann – „Fast könnte man sagen: meine besten Jahre. Wenn's ein Eigentumsrecht auf beste Jahre gibt, dann trage mich in die Liste ein."

Um es kurz zu machen: Bruce wurde ein treuer Begleiter während meines Aufenthalts in Lissabon. Schon am zweiten Tag nach unserer Begegnung erzählte er mir, dass auch sein Vater freiwillig aus dem Leben gegangen war. „Das letzte Mal, als ich ihn sah, mein Kleiner, war, als meine Mutter Fausthiebe austeilte. Mein Vater versteckte sich hinter einem schweren Eichenschrank und von diesem stürzte er sich einige Monate später in die Tiefe. Ich selbst werde vielleicht auch eines Tages… mich davonmachen. Vielleicht werde ich mich mit einem Schlauch erdrosseln. Ich habe schon einen auf einer Auktion erstanden. Siehst du die Familie da drüben? Alle freiwillig hier. Vater, Mutter, Sohn und zwei Töchter. Jeden Nachmittag bringt ihnen der Ober fünf verschiedene Flaschen, nur in den Tod gingen sie gemeinsam. Normalerweise hätte ich dir das niemals verraten, aber heute sitzt meine Zunge besonders locker."

Der Ober rief fragend „zwei Anis" in den Raum und Bruce antwortete mit froher Stimme: „Her damit!" Im Café der Selbstmörder und Wiedergekehrten war das Lieblingsgetränk aller Gäste Anisschnaps, der sonst in Portugal nicht gerade das Nationalgetränk ist. Übrigens sollen auch in Paris und Berlin Cafés für Selbstmörder existieren. Hätte ich mir denken können. Berlin ist nämlich, nach der allerletzten Statistik, eine Stadt mit einer Million Toten.

Ins Café der Selbstmörder trat ein vornehmer, älterer Herr, der sofort damit begann, aus seiner Manteltasche ein riesiges Tuch hervorzuzaubern. Und er hielt es mir gleich unter die Nase. „Wundervoller Stoff, was? Nicht zu verachten. Für Ihre Frau vielleicht? 100 und es gehört Ihnen." Bruce lächelte mich versonnen an. „Dass es so etwas noch gibt, wie? Handel und Wandel, war ja noch nie zu verachten." Der Alte faltete das Tuch einmal zusammen. „Na gut, 50 vielleicht? Meinetwegen 50. Für Ihre Mutter vielleicht?" Joseph, der Pianist am Klavier, rief vom anderen Ende des Saales: „Du bist aber viel zu gutmütig heute!" Und noch einmal faltete der Alte sein Tuch. „25. Als Sitzkissen in der Kathedrale vielleicht?" Und jetzt legte Joseph bereits einen erprobten Vorwurfsklang in seine Stimme: „Du willst ihm nicht helfen. Aber weshalb denn nicht?" Der Alte lächelte mich liebenswürdig an. „Habe ich Ihnen schon erzählt, wie mich einmal der Finderlohn für einen entlaufenen Hund vor dem Hungertod rettete? Mein Vetter, nun ja, ein entfernter Cousin, auch mehr von meiner Frau, meiner kürzlich übrigens verstorbenen Frau, er hatte in Afrika ein beträchtliches Vermögen im Handel mit Einheimischen erworben." Joseph war jetzt kaum noch zu bremsen. Nicht am Klavier, aber in seiner Rede. „Sein Vetter, na, der seiner Frau, seiner kürzlich verstorbenen Frau, machte schon vor der Revolution beträchtliche Geschäfte. Mit Afrikanern. Die er günstig für den Geheimdienst eingetrieben hatte. Aber davon habt ihr ja keine Ahnung mehr." Der Alte knüllte sein schönes Tuch zu einem Knäuel zusammen und hielt es mir hin. „Ich schenke es Ihnen." Und überreichte es mir galant. Dann hielt er sich an der Theke fest und bekam unaufgefordert seinen heißen Café com leite vom Wirt hingeschoben. Nach wenigen Schlucken waren seine Lebensgeister wieder erwacht. „Also schön", rief er in den Raum, „es bleibt eben wieder an mir hängen. Ich werde für euch alle sorgen. Wusstet Ihr, dass ich heimlich, meine Eltern waren natürlich dagegen, Tanzstunden genommen hatte? Beim emigrierten Ballettmeister der Sankt Petersburger Oper. Taub und blind, aber seine Beine waren noch erstklassig. Auf geht's!" Und schon bewegte er sich wie ein altgewordener Brandmeister auf dem Ball ehemaliger Feuerwehrleute. Keuchend zischte er mir zu: „Schnell. Nimm ein leeres Glas und geh herum. Heute werden sie etwas geben. Ich spüre es in allen meinen alten Knochen. Nun mach schon." Ich blickte verlegen über den Caféhaustisch, aber Bruce nickte mir aufmunternd zu. „Tu ihm diesen kleinen Gefallen. So günstig kommt man selten zu seinen täglichen guten Taten." Der Alte keuchte weiter und ich hielt allen im

Café mein Glas unter die Nasen. „Ich werde an ihr Herz rühren. Klimpert's schon?" Aber Maria zog spöttisch ihr hübsches Näschen hoch und brüllte plötzlich in den Raum: „Schwach wie ein leckgeschlagener Kahn iss er!" Da schlug Bruce mit seiner gewaltigen Faust auf die Marmorplatte, dass selbst der Fußboden mitschwang. „Wir müssen zusammenhalten. Das muss doch möglich sein!" „Bürger", säuselte ich, „ich schau auf eure Stadt und jetzt öffnet eure Beutelchen." Aber schon erhoben sich beinah alle im Café der Selbstmörder und hatten beschlossen, nicht zurückzustehen, was das Anbieten betraf. Boris schritt durch die Menge und öffnete seinen Regenmantel, der innen mit funkelnden Orden aller Nationen geschmückt war. „Wahre Schätze. Zugreifen Leute, zugreifen, die Gelegenheit kommt nicht wieder. Erstklassige Ware, hoher Materialwert. Sammlerstücke, internationale Kultobjekte." Sofia zog einen Koffer unter ihrem Tisch hervor und entnahm ihm einen Bauchladen, den sie sich behende vor die prägnanten Brüste band. Leider lagen auf dem Bauchladentablett dampfende, blutende Innereien. Sie musste sich die Nase zuhalten, aber Tapferkeit war ihre höchste Tugend. „Menschliche Leidenschaften, ich gönne sie ja jedem, aber mich lasst aus dem Spiel." „Da will ich nicht abseits stehen!" Schon stand Antonio mitten im Raum und knüpfte sein Hemd bis zum Bauchnabel auf, um uns seine behaarte Brust zu zeigen. „Eine Heldenbrust! Sechs Durchschüsse. Wer will die Narben fühlen? Eisenplatte links unter Rippe vier. Alle mal fühlen und nach dem Fühlen einen klitzekleinen Obolus für die leidende Bevölkerung."

Bruce betrachtete alle wohlwollend, wie man Kindern auf dem Spielplatz ihre Kinderspiele gönnt. Sie verausgabten sich, priesen an und forderten, boten, was das Zeug hielt, aber Resignation lag im Raum. Der alte Tuchhändler und Tanzmeister gab als erster auf und ich stand da mit meinem leeren Glas. „Unmöglich. Keine Unterstützung. Ich danke dir trotzdem, mein Junge." Sofia drohte allen mit der Faust und schmetterte „Ignoranten" ins große Rund und Antonio verschloss sein Hemd wie einen Heiligenschrein nach erfolgter Besichtigung durch die Menge der Fanatisten. „Eine Kälte ist das hier. Kaum noch auszuhalten." „Ja", stimmte Boris ihm zu und knöpfte seinen Mantel wieder zu. „Ein früher Herbst in diesem Jahr. Ungewöhnlich für diese liebliche Landschaft." Bruce rührte bedächtig in seinem Getränk und lächelte alle aufmunternd an. „Ein wundervolles Schauspiel, meine Freunde. Erhebend und aufbauend. In schwierigen Zeiten werden ich und dieser junge Mann hier an meiner Seite an euren Durchhaltewillen denken." Dann lehnte sich Bruce auf seinem Sessel zurück, als säßen wir nicht in einem Lissaboner Café, sondern in einem Theater in Venedig. „Ich will jetzt nicht von mir sprechen, mein Kleiner (mon p'tit) – behauptete Bruce und sprach natürlich von sich – aber weißt du überhaupt, wer Antonio zu seiner Zeit gewesen ist?" Antonio, der Durchschussheroe, der jetzt drüben in der Ecke still seine Flasche leerte? „Na schön, hätte mich auch gewundert, wenn sein Name dir was gesagt hätte. Der Mensch ist ein Krüppel, aber immerhin ein Held. Der hat nämlich, aber was geht das dich noch an, der hat ein faschistisches Flugzeug abgeschossen. Leider blieb er dazu verurteilt, in seiner Heimat, im Land der Faschisten leben zu müssen. Wahrscheinlich der einzig noch Lebende unter all uns Toten hier." Hatte es Zweck, Bruce darauf aufmerksam zu machen, dass auch ich noch lebte? – „Im Übrigen muss einem wie dir, schon aus Tradition, die Vergangenheit Wurst sein." Bruce sah mich mit Kampfeslust in seinen blauen Augen auffordernd an. Ich schwieg. Mit welchen Beschäftigungen wir die Pausen zwischen unseren Kinderspielen doch ausfüllen müssen!

**Guido Gin Koster**, geboren 1962 in Trier, schreibt seit 1988 Theaterstücke, Hörspiele und Funkerzählungen. 1996 erhielt er den Kleist-Förderpreis für Junge Dramatiker. Er lebt in Berlin.

KARSTEN KRAMPITZ

# Er macht seine Leser zu Komplizen

Mit dem Frühscholastiker Bernhard von Chartres gesprochen, bin ich der Zwerg, der auf den Schultern des Riesen steht; Heinrich von Kleist ist ohne Zweifel der Meister der Novelle – aber ich kann weiter schauen als er…

Beinahe fünf Jahre habe ich an einem Buch gearbeitet, nicht durchgehend, aber immer wieder – ein Text, der die Selbstverbrennung von Oskar Brüsewitz 1976 in Zeitz thematisiert, diesen Mann aber nicht auf sein Sterben reduzieren sollte. Im Mittelpunkt steht freilich die Frage, wie es passieren konnte, dass ein evangelischer Pastor seinem Schöpfer die Seele hinwirft. „Ich bin gekommen, ein Feuer anzuzünden auf Erden", liest man im Neuen Testament. Und: „was wollte ich lieber, als dass es schon brennte." (Lk. 12,49) Für mich war Oskar Brüsewitz aber vor allem ein neuer Michael Kohlhaas, der Held der gleichnamigen Novelle von Kleist, dessen Gerechtigkeitsempfinden schwer verletzt wurde und der nun maßlos bis zu seinem Tod um sein Recht kämpft. Anders jedoch als Kohlhaas ist Brüsewitz ein Kämpfer, der seine Gegner besiegt durch militante Gewaltfreiheit. „Warum brennt ihr so wenig, warum seid ihr so kalt?", heißt es in „Heimgehen". Die Leute in Ostdeutschland sind nicht einmal mehr abergläubisch, sie haben vergessen, dass sie Gott vergessen haben; Gott ist nur noch ein Gerücht. Und leider gibt es noch andere Gerüchte. Der Verleumdung des toten Brüsewitz, aber auch seiner märtyrerhaften Verklärung, habe ich eine theologisch-ethische Diskussion entgegengestellt. Ich habe also nicht mehr nach der einen Wahrheit gesucht, die es in diesem Fall womöglich gar nicht gibt, sondern nach Wahrhaftigkeit – wie Kleist.

In kristallklarer Sprache wirft „Michael Kohlhaas" eine Frage auf, die uns mehr denn je beschäftigt: Wie viel Glück darf der Einzelne für sich von der Gesellschaft einfordern? Kleist bedient sich dabei der Novellenform, ist doch die zu erzählende Geschichte zu drängend, als dass er unsere Zeit verschwenden will. Und mehr noch: Kleist macht seine Leser zu Komplizen! Das eigene Publikum nicht zu kriminalisieren, es aber doch in Konflikt zu bringen mit den herrschenden Verhältnissen – dieser

Anspruch lässt Heinrich von Kleist zu einem fast schon postmodernen Schriftsteller werden. Unterhaltung und Haltung schließen einander nicht aus. Leider ist er damit nicht nur seiner Gegenwart voraus, sondern auch unserer. Genauer gesagt: einer Gegenwartsliteratur, in der die Menschen ständig Urlaub haben, Wochenende oder Feierabend; in der sich niemand Sorgen macht, wie er seine Miete zahlt und die Stromrechnung. Kurzum: einer Literatur, die keinem weh tut. Vielleicht sollten diese Schriftsteller alle mal an den Kleinen Wannsee fahren.

**Karsten Krampitz**, geboren 1969 in Rüdersdorf, ist Schriftsteller und Historiker. Für seine Novelle „Heimgehen" (LangenMüller-Verlag) erhielt er 2009 in Klagenfurt den Publikumspreis des Ingeborg-Bachmann-Wettbewerbs. Er engagiert sich seit vielen Jahren für Obdachlose, unter anderem im „Nachtasyl Gorki" am Bahnhof Berlin-Lichtenberg.

GÜNTER KUNERT

# Strange Encounter of the First Kind
*oder*
# Eine Begebenheit aus den Tagen vorm Kriege

Mit fünfzig Pfennigen, die ich manchmal geschenkt erhielt, war ich zwar keineswegs vermögend, konnte mir jedoch für diese geringe Summe eine ganze Welt kaufen, wenn auch nur für zwei Stunden. In der Wrangelstraße in Berlin-Kreuzberg befand sich ein „Kintopp", eine „Flohkiste", handtuchschmal, über einen Hof erreichbar, wohin es mich mit meiner Münze in der Tasche trieb: zur Kindervorstellung am Nachmittag. Denn ich war ja noch ein Kind von acht, neun Jahren. Obwohl mich das Kino unerhört anzog, ärgerte es mich bei jeder Vorstellung, weil die Gleichaltrigen oder sogar Jüngeren vor und während der Vorstellung zu toben pflegten, zu kreischen, zu schreien, zu lärmen, sich zu necken, zu prügeln, ich weiß nicht, was noch alles. Oftmals gingen die Dialoge in einem grässlichen Krach unter. Dennoch konnte ich nicht von der Leinwand lassen. Hier begegneten mir Stan Laurel und Oliver Hardy und ihre grässlichen Kopien Pat und Patachon; hier flog mein Herz Shirley Temple zu, von der ich nicht wusste, dass wir gleichen Jahrganges gewesen sind. Wie schick war das stocklockige Mädchen in der britischen Infanterieuniform als „Rekrut Willy Winkie", Maskottchen eines Regiments in Indien, das reihenweise die bösen Eingeborenen abknallte. Eines Tages jedoch – und ich wundere mich noch heute über diesen Umstand – zeigte man etwas überhaupt nicht „kindgerechtes" – nämlich Kleists „Zerbrochnen Krug" mit Emil Jannings als Dorfrichter Adam. Wahrscheinlich kapierte kein einziger in diesem minderjährigen Publikum, worum es eigentlich ging. Ich selber verstand ja auch diese seltsame Geschichte nicht und rätselte daran herum, doch gefesselt von dem mächtigen kahlen Kopf von Jannings mit den leichten Verletzungen: eine unheimliche, bösartige Gestalt, ein Oger aus Albträumen, der immerhin zu guter Letzt in die endlose Perspektive eines undeutlichen Hintergrundes davonhastete oder humpelte. Dennoch: der Eindruck war enorm, obwohl unverständlich. Als sei man auf einem fernen Planeten gelandet, wo sich spannende Dinge abspielten, ohne dass man dahinter kam, was sie bedeuten sollten.

Der Eindruck war derart stark, dass er, kaum abgeschwächt, noch in meinem Gedächtnis auf- oder abrufbar ist. Auch das Verhalten der übrigen minorenen Zuschauer dämpfte sich ab, ich vernahm ihr Rumoren und Quäken nicht mehr, und sah nur noch die Bilder, die agierenden Figuren, als handele es sich um einen Stummfilm, um ein wortloses Marionettentheater, was es, wie man jetzt weiß, im übertragenen Sinne auch ist, wie alle Stücke Kleists, in denen der Autor an den Fäden seiner Gestalten zieht und sie Leben vortäuschen lässt. Bassateremptetemtcm! Bassamanelka!

Der Schriftsteller **Günter Kunert**, geboren 1929 in Berlin, gehörte 1976 zu den Erstunterzeichnern der Petition gegen die Ausbürgerung von Wolf Biermann. Deshalb wurde er 1977 aus der SED ausgeschlossen. 1979 verließ er die DDR und lebt heute in Kaisborstel bei Itzehoe. Zu seinen bekanntesten Werken gehören „Die geheime Bibliothek" und „Ein englisches Tagebuch".

TANJA LANGER

# „Die Welt ist groß, man kann sich leicht in ihr verlieren"

*(Heinrich von Kleist an Minister von Altenberg)*

Vielleicht ist es zuerst der umtriebige Kleist gewesen, der mich unwiderstehlich anzog. Nicht nur die Pläne und Projekte, die immer neuen Lebensideen, das Herumirren auf der europäischen Landkarte von Königsberg bis Paris, von Thun über Dresden nach Berlin, nein, auch die Ausschweifungen und Abschweifungen auf dem Papier, in seinen Erzählungen und Dramen, die ihn bis Chile und Haiti führten, die aberwitzigen Assoziationsketten mit ihren noch aberwitzigeren Verstrickungen und Verknotungen von Liebe und Verrat. Sicherlich habe ich ihn in der Schule kennengelernt, daran kann ich mich nicht erinnern, aber daran, wie ich einmal seinen „Amphitryon" in einem Off-Theater in München sah, die wunderbare Verwechslungskomödie, in der Alkmene den lustvollen Jupiter für ihren Gatten hält. Ich besuchte das Stück mit einem Jungen, in den ich fürchterlich verliebt war, und als wir aus dem Theater kamen, stand da mein Freund, mit dem ich eigentlich ging. „Ach!" konnte ich da nur wie Alkmene hauchen, „ach!"

Schon vorher hatte ich einen anderen Kleist kennengelernt, ich war sechzehn, und Christa Wolf kam zu einer Lesung nach Wiesbaden, 1979, mit ihrer Erzählung „Kein Ort. Nirgends". Unvergesslich, wie sie ihre dunkel geheimnisvolle Stimme erhob und von der erdachten Begegnung des hellhörigen Kleist mit der Dichterin Karoline von Günderrode las, die sich beide das Leben genommen hatten. Diese beiden, so sagte sie, sollten uns ein Vorbild sein in ihrer radikalen Existenz.

Manche Eindrücke verlassen uns nie; diese Lektüre damals hat vieles für mich geebnet. Danach las ich alles von Kleist und sah vieles auf der Bühne. Später dann, in Berlin, ich hatte seine Heimatstadt Frankfurt an der Oder und das dortige Museum längst besucht, zog ich – war es Zufall oder nicht – ganz in die Nähe von Kleists Grab, am Kleinen Wannsee. Achthundert Meter Vogelfluglinie, eintausenddreihundertzwölf Schritte, die ich wieder und wieder lief. Aus den ersten Besuchen wurden viele, dieser Ort zog mich an, unter hohen Kiefern, mit Blick auf den See, zwischen struppigen Gebüschen und zwei Rudervereinen. Rosen wurden dort abgelegt, und im Oktober Kürbisse mit ausgeschnittenen Augen und Lichtern. 2003 erhielt auch

Henriette Vogel ihren Grabstein, neben dem größeren von Heinrich. Jedes Jahr gab es in „unserem kleinen Kulturzentrum", der „Mutter Fourage" eine Veranstaltung zu Kleists Todestag, am 21. November, und bald lernte ich den Leiter kennen, Wolfgang Immenhausen. Er lud mich ein, als Wannseer Schreiberin einmal diesen Kleist-Abend mitzugestalten. Es wurde ernst, ich begann mich zu verlieben. Ich war auch gerade frisch verliebt im Leben, und mit meinem Gefährten verfasste ich eine Komödie, die der Frage nachging, was denn eigentlich dieses „Nun o Unsterblichkeit bist du ganz mein" sein sollte, von dem Kleist im „Prinz von Homburg" spricht, und das des Dichters Grabstein ziert. „Das heißt doch, dass er immer noch lebt", sagten wir und ließen ihn mit seinem Freund Ernst von Pfuel, der eine Karriere beim Militär gemacht und Soldaten das Schwimmen gelehrt hatte, in eine Altherren-WG in der Ewigkeit ziehen. Als Außenkontakt diente die polnische Putzfrau Hanna, die es nicht lassen konnte, auf den Umstand zu verweisen, dass es doch eine Imbissbude am Grabe bräuchte, worauf Kleist sagte: „Ja, genau, ohne Imbissbude am Grab ist man gar kein anerkannter Dichter! Mit der guten Heinrichmarmelade zum Verkauf!" In Pfuel war Kleist übrigens auch sehr verliebt gewesen, vor allem in den Ferien am Thuner See, als der gut trainierte Kerl plötzlich vom Wasser glänzend in der Sonne vor ihm stand.

„Ist dies ein Traum? Zwischen je zwei Lindenblättern, wenn wir abends auf dem Rücken liegen, eine Aussicht, an Ahndungen reicher, als Gedanken fassen, und Worte sagen können."

Ja, dieser Kleist interessierte mich auch, der in den Briefen, die für mich zu den schönsten und verrücktesten der Weltliteratur gehören, seine ständig wechselnden Liebesgefühle zu Papier brachte, höchst kompliziert und nicht selten unauslebbar, unmittelbar neben seinen politischen Verzweiflungen. Immer wieder neu war er verliebt, in eine Frau, in einen Mann, in Wilhelmine oder Brockes, in Königsberg oder Berlin. Den Adam Müller hätte er in Dresden beinahe von der Brücke gestoßen, weil er glaubte, in dessen Frau Sophie vernarrt zu sein, doch es war auch der Adam selber, den er meinte. Was für eine Verwirrung! Den Adam kennen und den Dorfrichter Adam nennen ... um ehrlich zu sein, hatte ich bald den Eindruck, diese Lieben dienten ihm vor allem als „Inzitament", als Reiz und Auslöser für wildes, furioses, grandioses Schreiben. Ich las die Erzählungen erneut, diese Katarakte der Sprache, in denen ein Punkt – selten genug gesetzt – im Grunde immer nur den Auftakt bildet für einen neuen, nächsten Satz. An den sonderbarsten Orten begegnete mir der Dichter. In Litauen, als ich im Museum in Vilnius das Kleid von Königin Luise sah, oder in Frankreich, zu Füßen des Jura, wo ich, auf Durchreise über Nacht einen Prospekt im Hotel fand: Hier in der Nähe, im Fort de Joux , hat der deutsche Dichter Henri de Kleist im Jahr 1807 eingesessen und an seiner weltberühmten Tragödie geschrieben, in der die Amazonenkönigin Penthesilea ihren Geliebten zerfleischt, Achill. À propos wilde Frauen: in unserer Komödie hatten wir auch Henriette Vogel auftreten lassen, und zwar als Kriegsreporterin, die life aus dem Kongo berichtet, denn wir waren uns sicher, dass es Kleist, der beobachtet hatte, wie die französische Revolution in die Kolonien getragen wurde und nach Europa retournierte, heute nach Afrika ziehen würde.

2006 erhielt ich die Anfrage des Komponisten Rainer Rubbert, ein Libretto für eine Oper über Kleist zu schreiben, für das Theater Brandenburg. Ich traute meinen Ohren kaum! Ich hauchte ach! und ach! und ja! Wie schön! Alles fand nun seinen Platz: Liebeswirren, Krämpfe und Koliken, Napoleon, die Halbschwester Ulrike, die ständigen Probleme mit dem Geld, die vier verrückten Brüder aus der Erzählung „Cäcilie", das Gefängnis im Fort de Joux und auch die Marquise von O..., die tippelnd fragte: „Sind Sie vielleicht der Vater meines Kindes?" Mir war nämlich inzwischen aufgefallen, dass Kleist eine Schwäche hatte für alleinerziehende Mütter, rätselhafte, außereheliche Schwangerschaften und Kuckuckskinder, das Käthchen das prominenteste von ihnen. War er am Ende selber eins? Ich entdeckte seine Kindheit, in der er aufwuchs wie rasses Gras und auf dem Schoß der geliebten Mutter das Buchstabieren lernte.

Natürlich kam in der Oper auch jenes Picknick am See vor, von Heinrich und Henriette, bevor sie, wie sie schrieben, „heiter" in den Tod gegangen. Doch nicht alle Fragen schienen mir gelöst, und ich rannte erneut zu ihrem Grab: Wozu die Kutsche hierher, zum Wannsee? Wieso noch eine letzte Nacht, im Gasthof Stimming? Was genau war da los?

Sie sehen, Kleist hat mich fest im Griff. Ich kann gar nichts dazu. Es ist eine Liebe, vorbestimmt und gegenseitig, ewig und unendlich schön.

---

Die Berliner Schriftstellerin **Tanja Langer**, 1962 geboren in Wiesbaden, veröffentlichte vier Romane, Erzählungen und das Libretto für die Oper „Kleist" von Rainer Rubbert (UA 2008). 2011 erscheint ihre Erzählung „Wir sehn uns wieder in der Ewigkeit – Die letzte Nacht von Henriette Vogel und Heinrich von Kleist" bei dtv.

HEINRICH LAUBE

# Ein frischer Ernst

Kleist war Fouqués Zeitgenosse in der Rheinkampagne, er war unglücklich im Leben, er nahm es sich am Ende selbst. Armer Kleist! So stark, fest und einfach wie dein Talent rührt dein Geschick! Ein feiner Hauch der Romantik weht durch dieses tüchtige Herz – Kleist hat wenig nahe Berührung mit der eigentlichen Schule gehabt –, und in der Gabe dieses Dichters ist die romantische Anregung besonnen, kräftig, gesund zur Tat geworden. Der frühe Tod dieses Mannes ist uns ein wesentlicher Verlust. Die Überschwenglichkeit, der Zauber des Geheimnisses, die unerforschte Naturmacht, der Reiz ferner Vaterlandsgeschichte, all dies Ordensgelübde der Romantiker, wie schön, wie mäßig ist es in ihm. Wie gibt sich das größte Publikum noch heute diesem lieblichen Käthchen von Heilbronn hin, das unter dem Fliederbaume träumt! Das Maß und die echte Empfindung, sie unterscheiden Kleist aufs günstigste von den offiziellen Romantikern. Was er bringt, ist empfunden, nicht anempfunden oder gar angekränkelt, ein frischer Ernst, bewahrt ihn vor aller Manieriertheit, ein kräftig Wesen drängt ihn zu raschem entschlossenem Gange und gibt seiner musterhaften Erzählungsweise, seinem „Hans Kohlhaas" die einfache Nachdrücklichkeit, den angemessenen Schritt, die schmucklose, so wirksame Färbung. Seine dramatische Auffassung kann eintöniger Romantik ein Muster sein, wie jedes Verhältnis andere Bedingung des Vortrages, andere Bedingung des herrschenden Ideals und Sinnes mit sich bringt: Wild, unbändig, ein idealer Schatten der reißenden Tiere, die vernichtend eingreifen, ist Penthesilea, die von Leidenschaft Gehetzte; ein ganz anderer, schwererer Himmel hängt über der „Familie Schroffenstein"; die fröhlichste, so recht aus Herzensgrund fröhliche Luft streicht durch die Lustspiele „Amphitryon" und „Der zerbrochene Krug"; der „Prinz von Homburg" mischt den Traum und die entschiedenste Menschlichkeit kühn und fest. Es sind Lücken in diesem Schauspiele, die gewiß bei einer Überarbeitung verschwunden wären, aber sonst ruht ein echter Stempel Kleist'scher Kühnheit und Eigentümlichkeit darauf, wie sich dergleichen nur bei einem wahrhaft selbständigen Dichter findet. Der Held sinkt in bängste Todesfurcht, um sich erst aus diesem Falle für poetischen Aufflug zu ermannen. Die Romantiker selbst haben dies vielbesprochene und verklagte Moment gepriesen. Priesen sie es nicht vielleicht gegen das eigene Herz ihrer Weise? In jenem Momente, er sei nun übertrieben oder nicht, liegt die selbständige Kraft, welche Kleist neben ihnen hat, liegt ein Grundsatz, über den sie weghüpften. Dies ist der Grundsatz, daß rein Menschliches, daß Grund und Boden unserer bedingten Existenz erst gewonnen und erledigt sein muß, ehe poetischer Aufschwung mit wirklichem Nachdrucke erreichbar ist.

*Aus „Schriftsteller über Kleist", mit freundlicher Genehmigung des Aufbau-Verlages*

**Heinrich Laube** (1806–1884). war ein deutscher Schriftsteller, Dramatiker und Theaterleiter. Er führte unter anderem das Wiener Burgtheater und setzte dort etliche Kleist-Dramen in Szene. Der hier abgedruckte Text stammt aus Laubes „Geschichte der deutschen Literatur" in drei Bänden, erstmals erschienen 1840.

RAHEL LEVIN

# Er war wahrhaft und litt viel

*An Alexander von der Marwitz*

*Sonnabend vormittag halb zwölf Uhr, den 23. November 1811*
**Sagen Sie, Liebster, Bester,** warum schreiben Sie mir wieder nicht? Ein Wort. Ich bat Sie darum, Sie haben mir auch zu antworten, wenn Sie wollen. Sie sind aber nicht ganz herkulisch, nicht sehr entfernt vom Flußfieber in unleidlichem Wetter hier abgereist. Das verdiente wohl zwei Zeilen. Ich erwarteteSie immer und wollte nicht mit meiner Stimmung und meinen Angelegenheiten so zuplatzen. Gestern aber hätte ich Ihnen doch geschrieben, wenn mich nicht H. Kleists Tod so sehr eingenommen hätte. Es läßt sich, wo das Leben aus ist, niemals etwas darüber sagen; von Kleist befremdete mich die Tat nicht, es ging streng in ihm her, er war wahrhaft und litt viel. Wir haben nie über Tod und Selbstmord gesprochen – Sie wissen, wie ich über den Mord an uns selbst denke, wie Sie. Und niemals hör ich dergleichen, ohne mich der Tat zu freuen. Ich mag es nicht, daß die Unglückseligen, die Menschen, bis auf den Hefen leiden, denn Wahrheit, Großes, Unendliches, wenn man es konzessiert, kann man sich auf allen Wegen nähern; begreifen können wir keine, wir müssen hoffen auf die göttliche Güte, und die sollte grade nach einem Pistolenschuß ihr Ende erreicht haben? Unglück aller Art dürfte mich berühren? Jeden Abend Fieber. Jedem Klotz, jedem Dachstein, jeder Ungeschicklichkeit sollte es erlaubt sein, nur mir nicht? Siech auf Kranken- und Unglückslagern sollt ich müssen, und wenn es hoch und schön kommt, zu achtzig Jahren ein glücklicher imbécile werden, und wenn dreißig schon mich ekelhaft deteriorieren? Ich freue mich, daß mein edler Freund – denn Freund ruf ich ihm bitter und mit Tränen nach – das Unwürdige nicht duldete; gelitten hat er genug. Sehen Sie mich! Keiner von denen, die ihn etwa tadeln, hätten ihm zehn Reichstaler gereicht, Nächte gewidmet, Nachsicht mit ihm gehabt, hätt er sich ihnen nur ungestört zeigen können. Der ewige Calcul hätte sie nie unterbrochen, ob er wohl recht, ob er wohl unrecht, ob er wohl Recht, ob er wohl nicht Recht zu dieser Tasse Kaffee habe. Ich weiß von seinem Tode nichts,

als daß er eine Frau und dann sich erschossen hat. Es ist und bleibt ein Mut. Wer verließe nicht das abgetragene, inkorrigible Leben, wenn er die dunklen Möglichkeiten nicht noch mehr fürchtete? Uns loslösen vom Wünschenswerten, das tut der Weltgang schon, dies von denen, die sich nichts zu erfreuen haben; forsche ein jeder selbst, ob es viele oder wenige sind.

*Aus „Schriftsteller über Kleist", mit freundlicher Genehmigung des Aufbau-Verlages*

**Rahel Varnhagen von Ense**, geb. Levin (1771–1833), wurde vor allem durch ihre Korrespondenz mit vielen Zeitgenossen bekannt. Sie war jüdischer Abstammung und führte einen literarischen Salon in Berlin, zu dessen Gästen auch Heinrich von Kleist gehörte.

ROBERT LÖHR

# Kleistpark

Wenn es um die Frage geht, welches von Kleists Bühnenwerken einem das liebste ist, dann ist derzeit Mode, entweder den „Prinzen von Homburg" zu nennen, diesen sinnverwirrten Träumer, oder, ach!, den „Amphitryon". Ich aber möchte die Lanze brechen für zwei Werke, die der neueren Germanistik immer etwas peinlich, mitunter sogar lästig waren: Die „Hermannschlacht" und, vor allem, „Das Käthchen von Heilbronn". Denn das „Käthchen" war es, das mich vollends für Kleist entflammt hat. Was für eine Offenbarung, nach dem verquasten Kohlhaas-und-Chili-Kleister der Schulzeit diese mittelalterliche Wundertüte zu öffnen! Ein in der Tat „großes historisches Ritterschauspiel", in dem der Held kernig „Graf Wetter vom Strahl" heißt und das Burgfräulein allen Ernstes „Kunigunde"! Zugegeben, der erste Satz macht einem den Einstieg nicht leicht: 101 Wörter – das ist sogar für Kleist Rekord –, die man nach dem ersten Durchgang und einem inneren „Bitte?" gleich noch einmal lesen oder hören muss, um ihren Sinn zu begreifen. Aber danach: dieses Tempo! Diese Leidenschaft!! Diese Sprache!!!

Je, was der Teufel!, Kleists Flüche allein sind eine Dissertation wert: „Der Hölle zu, du Satan! Lass ihre schlangenhaarigen Pförtner dich an ihrem Eingang ergreifen und dich zehntausend Klafter tiefer noch, als ihre wildesten Flammen lodern, schleudern!" – Oder Kunigunde, diese mittelalterliche femme fatale, Frankensteins Braut: „Gift! Pest! Verwesung!", zetert sie, und will dem arglosen Käthchen Pulver in den Wein geben, bis es „vergiftet, tot ist, eingesargt, verscharrt, verwest". Und wer das ganze Spektakel bis zum Ende bewältigt hat, bekommt als Bonbon diesen knackigsten letzten Satz aller deutschsprachigen Stücke überhaupt: „Giftmischerin!" – so abgebrüht-einsilbig reagiert der Held auf die Verwünschungen der Schurkin. Leck mich am Arsch, würde er heute wohl sagen.

Und wie schon die Liste der Schauplätze einem das Wasser im Munde zusammenlaufen lässt: Eine unterirdische Höhle. Köhlerhütte im Gebirg. Eine Einsiedelei. Schranken des Gottesgerichts. Man fühlt sich entführt in den romantischen Bilderbogen eines Ludwig Richters; das Schauspiel wird im wahrsten Sinne zu einem Schau-Spiel. Die Szenenwechsel dieses anderen großen deutschen Ritterschauspiels, des Götz von Berlichingen, nehmen sich im Vergleich geradezu bescheiden aus. Vor meinem geistigen Auge hat sich Das „Käthchen von Heilbronn" immer als eine Art Modelleisenbahnlandschaft ohne Modelleisenbahn präsentiert, in der die unterschiedlichen Szenerien eng beieinander liegen, ganz gleich, wie weit sie geografisch und thematisch voneinander entfernt sind: Hier das Kloster im Wald, dort in den Bergen der Wasserfall hinter der Brücke. Hier die verfallene Köhlerhütte, dort die gotische Badegrotte. Und auf zwei gegenüberliegenden Hügeln Burg Thurneck und Schloss Wetterstrahl, sowie, in ihrer Mitte, die prächtige Kaiserpfalz. Wie die Landkarte eines Themenparks – eines mittelalterlichen Disneylands, in dem man mit einem Schritt vom Adventureland ins benachbarte Fantasyland hinüberwechselt – hat mir dieses virtuelle Modell in allen Wirren der Handlung immer den Überblick bewahrt. Auch von Kleists kurzem Leben, in dem längere Ruhephasen vollkommen fehlen, sind uns die vielfältigsten Schauplätze überliefert. Und so lässt sich gleichsam eine Landschaft seines Lebens en miniature denken; ein Modell, das die Stationen seiner Vita in unmöglicher Nachbarschaft vereint, ein Kleistpark gewissermaßen: Frankfurt und Potsdam, Weimar, Mainz, Königsberg, Dresden. Die Spionagereise nach Würzburg. Die Idylle von Oßmannstedt. Die Insel-Einsiedelei in der Schweiz. Die Kerkerhaft in einer Felsenfestung im französischen Jura. Das Treffen mit Königin Luise. Das sittenlose Paris und das kriminelle Berlin – und zuletzt zwei Schauplätze am Wasser: am Ufer des Ärmelkanals der beabsichtigte Mord an Napoleon – und am Ufer des Kleinen Wannsees, über Kaffee und Rum, der vollbrachte Mord an Henriette Vogel und sich selbst.

Nun gut: Ich verschaffe mir mit diesem Modell eine bessere Übersicht, aber endgültig erklären können werde ich mir das Phänomen Kleist auch damit nicht. Denn anders als sein verehrtes, verhasstes Vorbild Goethe, dessen Lebenslauf zwar einige Windungen und Krisen, aber keine großen Rätsel aufweist, schlägt Kleist in seinem Leben so viele Haken, dass man ihm nicht immer folgen kann. Wie im Übrigen das rasante „Käthchen von Heilbronn". Und so trifft der Satz gleichermaßen auf sein Leben zu wie auf sein großes historisches Ritterschauspiel: „Es ist die wunderlichste Geschichte von der Welt."

**Robert Löhr**, geboren 1973 in Berlin, arbeitet als Autor für Film, Fernsehen und Bühne, ist Regisseur, Schauspieler, Puppenspieler und lebt in Berlin. In seinem Roman „Das Hamletkomplott" lässt er Heinrich von Kleist in einer Wandertheatergruppe mit Goethe, Schlegel und Tieck auftreten.

HANS-JOCHEN MARQUARDT

# Wie nenn ich Dich?

Der Deutschlehrer, indem er ans Fenster trat, betonte gegenüber der Schulklasse, welche, es war in den sechziger Jahren, noch zuzuhören vermochte, dass Michael Kohlhaas von Kleist als „einer der rechtschaffensten zugleich und entsetzlichsten Menschen seiner Zeit" beschrieben worden war, dass einer ungeheuren Beleidigung wegen „das Rechtgefühl" aus ihm, der „bis in sein dreißigstes Jahr für das Muster eines guten Staatsbürgers habe gelten können", einen „Räuber und Mörder" machte, dergestalt, dass sich, nachdem ihm sein Recht zuteil geworden war, die Maßlosigkeit seiner Rache gegen ihn selbst kehren musste.

Es waren allererst die Novellen und die Anekdoten, die mich fesselten, bevor eine Aufführung des „Zerbrochnen Krug" im Leipziger Schauspielhaus mit einem langanhaltenden Rülpser des sich im Bette lümmelnden Dorfrichters Adam begann, der später lamentierte, dass „die Katze … das Schwein" in seine Perücke gejungt habe. Was zunächst als Posse inszeniert zu sein drohte, geriet zu einem tragi-komischen Wechselbad der Gefühle, in dessen Verlauf mir das Lachen im Halse stecken blieb und sich eine Initialzündung ereignete, die mir den Kosmos Kleist eröffnete.

Die schockierende Wucht seiner Dramen, die frappierende Konsistenz und die Vertracktheit seiner erzählenden Prosa, seine seziermesserscharfe, kunstvoll miteinander verwobene Publizistik, die gleichermaßen alltagsbezogene wie geschichtsphilosophische Tiefe seiner Abhandlungen und die metaphorische Kühnheit auch seines Briefwerks haben mich seither nicht mehr losgelassen. Ich glaube, dass lebenslang sich ihm verbunden fühlt, wer sich einmal von ihm hat gefangennehmen lassen. Kleist verdanke ich die Entdeckung, nur durch „schöne Anstrengung mit sich selbst bekannt" zu werden, so wie es existentiell seiner „Marquise von O...." widerfährt.

Heinrich, Du Bruder im Geiste, Du so verlässlicher Freund und Vertrauter, wie nenn ich Dich? Du Verstörer, Du Unerbittlicher, Du Nachsichtiger, Du mit beiden Beinen in den Fettnapf Springender, Du Schlafwandelnder, Du Guter, Du Ernster, Du Sarkastiker, Du Treuer, Du Sehn-Süchtiger, Du Enttäuschter, Du Ent-Täuscher, Du Aufklärer, Du Gegen-Aufklärer, Du Lächelnder, Du Weinender, Du Konsequenter, Du Armer, Du Großer, stets ganz Du selbst Seiender und Bleibender bis zum selbstgewählten Tod, Du auf Verlangen getötet Habender, Du Auslöscher Deines

Genies, Du Heldinnendichter, Du Sockelstürzer, Du Unverstandener, Du Wirkender, Du Kluger, Du Dummer, Du Starker, Du Schwacher, Du Sprachgewaltiger, Du (sich) Ver-Sprechender, Du Liebe Suchender, Du kaum Liebe Findender, Du spät, doch tief Geliebter, Du Klagender, Du Anklagender, Du viel Missbrauchter, Du Vertrauender, Du Misstrauender, Du Klarinettenspieler, Du Dichter, Du wieder und wieder in die Mitte der Zeit Fallender, noch immer, 200 Jahre nach dem finalen Schuss, Du Rufer, Du Seher, Du Schlagbaumzerstörer, Du Grenzüberschreiter, Du Wunderbarer, Du Wunderlicher, Du Gerechter, Du Ungerechter, Du lange nicht Aufgefallener, Du Auffälliger, Du Unbequemer, Du Empfindsamer, Du Mutiger, Du Wahrheit Suchender und Findender, Du Wahrhaftiger, Du Strebender, Du Leidender, Du Leidenschaftlicher, Du Übermenschlicher, Du – allzu Menschlicher.

Der Germanist **Hans-Jochen Marquardt**, geboren 1953 in Leipzig, leitete nach wissenschaftlichen Tätigkeiten an den Universitäten Leipzig, Pretoria und Kapstadt von 1996 bis 2001 das Kleist-Museum in Frankfurt (Oder) und ist seit 2009 Leiter der Abteilung Internationale Beziehungen der Nationalen Akademie der Wissenschaften Leopoldina in Halle (Saale).

*Stephanie Lubasch über* BERND MOTTL

# Absolut zeitnah

„Kleist"-Oper in Brandenburg (Havel): Szene mit Evelyn Krahe, Thorbjörn Björnsson und Silja Schindler (v.l.)

Er hat „Die Familie Schroffenstein" inszeniert, Othmar Schoecks Oper „Penthesilea" und die „Kleist"-Oper von Rainer Rubbert. Als Kleist-Experte sieht sich Regisseur Bernd Mottl dennoch nicht. „Ich bin eher ein Fan." Der Dichter habe viele schlaue Überlegungen ins Feld geführt, zum Beispiel darüber, warum die Menschen so wenig Vertrauen zueinander haben. „Kleists Figuren stellen emotional immer Extrempositionen dar, versuchen stets, die Einsamkeit zu überwinden." Dass „die Sprache nicht ausreicht, um sich mitzuteilen", sieht Mottl dabei als eines von Kleists zentralen Themen. „Er selbst spricht ja auch einmal davon, dass er sich lieber das Herz herausreißen und dem anderen einpflanzen wolle, um so seine Empfindungen zu vermitteln."

Persönlich zu Heinrich von Kleist gefunden hat Bernd Mottl, wie er sich erinnert, bei einem Besuch am Grab des Dichters am Kleinen Wannsee. „Dort wird einem seine Todessehnsucht klar. Selbstmord an sich ist ja schon so ein Faszinosum, ein Tabu in unserer Gesellschaft, über das viel zu wenig gesprochen wird."

Mottl hat die Zeugnisse über Kleists Freitod gelesen und sich auf diesem Weg auch seinen Stücken angenähert. „Er war ein Außenseiter, der sein Leben lang versuchte, Anknüpfungspunkte zu finden und doch immer einsam blieb. Er wandte sich allen Menschen leidenschaftlich zu und verbrannte daran."

Heute interessieren den Theatermann naturgemäß vor allem die Dramen des Dichters, das „Käthchen von Heilbronn" und „Die Hermannsschlacht" reizen ihn zur Auseinandersetzung. Auch, weil sie „so unspielbar" sind. „Kleists Sprache ist sehr unmodern geworden, seine langen Sätze, die raffinierten grammatikalischen Konstruktionen. So was wird auf dem Theater heute ja nicht gerade gepflegt. Eine derart komplizierte Sprache muss man dem Zuschauer erstmal vermitteln, man muss sie verständlich machen."

Im September 2010 hat Mottl Goethe inszeniert, den „Egmont" am Staatstheater Cottbus. Auch das hat ihm Spaß gemacht. Dennoch, gibt er zu, fühle er sich näher bei Kleist als bei Goethe. „Kleist trifft mich ins Mark, dieses frühe Scheitern, das von Anfang an in seinen Texten ist. Sicher, er ist nicht für breite Massen geeignet und im Moment eher unzeitgemäß. Für mich dagegen ist er absolut zeitnah. Er entspricht mir total. Aber", sagt Bernd Mottl und lacht, „ich bin auch nicht Mainstream."

**Bernd Mottl**, geboren 1965 in Mönchengladbach, arbeitet als freier Regisseur. Als Uraufführung brachte er die Oper „Kleist" von Rainer Rubbert und Tanja Langer im Theater von Brandenburg an der Havel auf die Bühne.

ADAM MÜLLER

# Zum Tode Heinrich von Kleists

Die Nachricht von dem tragischen Ereignis, welches sich am 21. November in der Gegend von Potsdam zugetragen, ist, da bis jetzt nur einerseits mit unziemlichem Enthusiasmus, andererseits mit empörender Entstellung der Tatsachen öffentlich davon gesprochen worden, so unvollkommen zur Kenntnis des auswärtigen Publikums gekommen, daß eine kurze und wahre Darstellung der Sache den Lesern Ihres Blattes gewiß nicht unwillkommen sein wird. –

Heinrich von Kleist, durch großartige und originelle Versuche im Felde der tragischen Dichtkunst in Deutschland bekannt und durch eine wahre Schönheit der Seele wie durch aufopferndes Hingeben an alles Gute, Große und Gerechte seinen wenigen Freunden unvergeßlich, hatte längst eine Art von Unbehaglichkeit unter den Umständen seiner Zeit empfunden. Seine deutschen Zeitgenossen waren ihres eigenen Urteils vielleicht nie weniger mächtig gewesen, als da seine Werke erschienen: man strebte nach Ruhe, nach gewissen bequemen Empfindungen nach leichten schmeichelnden Berührungen des Herzens. Wie konnte ein Dichter gefallen, der, selbst keines oberflächlichen Gefühls fähig, die Zukunft zu ergreifen, die Nation für den Schmerz zu erziehen und für großmütiges Hingeben an das Vaterland und an die Freunde zu begeistern, also alle Wunden noch tiefer aufzureißen mit jugendlicher Überschwenglichkeit unternommen hatte. Sein Publikum ließ das gut sein, der Dichter ward an die Seite gestellt und, wie alles Unbequeme, leicht vergessen. Dies hat ihm das Herz gebrochen, seine Kraft gelähmt, ihn getötet lange vorher, ehe er den verbrecherischen Entschluß faßte, den er zuletzt, nicht ohne Widerstreben seiner besseren Natur, ausführte. –

Er hatte in den letzten Tagen seines Lebens eine Frau kennengelernt, die, mit vielen glücklichen Gaben des Geistes und mit Anlagen zu jeder Tugend ausgeschmückt, zugleich musterhafte Hausfrau und ihrem rechtschaffenen Ehemanne auf Tod und Leben ergeben war. Ihr einziger Fehler war ein tiefes Mißtrauen in sich selbst, eine Unbefriedigung mit ihrem eigenen Tun und Lassen, ein geheimer Widerstreit gegen die Verhältnisse dieser Erde, so wie sie selbige kennengelernt. Alle ihre äußeren

Verhältnisse waren die möglichst glücklichen, welches sie auch empfand, mit Dankbarkeit, obwohl nicht recht wissend, wem sie dafür verpflichtet sei. Eine absolut unheilbare körperliche Krankheit kündigte sich bei ihr an, und da ihr zerrissener Gemütszustand es ihr schon längst zweifelhaft gemacht, ob sie eigentlich für diese Welt bestimmt sei und ob sie je ihre Familie so beglücken könnte, wie sie es wünschte, so schien ihr nun das Rätsel gelöst. Sie hatte sich schon mit dem Leben abgefunden, als sie dem unglücklichen Freunde begegnete, der wie sie über die Ansprüche des Lebens getäuscht, der wie sie, wenn ich mich so ausdrücken darf, lange Zeit her den Todesgedanken als eine bloße Würze des geschmacklosen Lebens betrachtete; der so vieles um sich her und alle Arbeiten seines tätigen Lebens fruchtlos hatte untergehen sehen und, in der Gegenwart zu sehr befangen, obwohl ohne unheilbare körperliche Krankheit, gleichfalls das Ende seines Daseins und der Dinge, die ihn gereizt hatten, deutlich herankommen sah. Über die Tröstungen einer kurzen Leidenschaft waren beide so weit erhaben, daß ich sie, um mich der Welt verständlich zu machen, kalt gegeneinander nennen muß. Es gab keine Gemeinschaft zwischen ihnen als die der herrlichsten Anlagen, der Unwissenheit über ihre höhere, göttliche Bestimmung, also der Verzweiflung und – in den letzten Stunden ihres Lebens – eines gewissen tragischen Interesses aneinander.

In dieser und keiner geringeren, aber auch keiner besseren Disposition der Gemüter begaben sie sich am 20. November nach dem an der Straße von Berlin nach Potsdam (drei Meilen von Berlin) gelegenen Neuen Krug. Die flache Gegend der Mark erhebt sich dort sanft; die Havel bildet an beiden Seiten der Straße beträchtliche Seen; die hohen Ufer sind mit Nadelholz bedeckt: der Eindruck des Ortes, wenn man sich von der Straße entfernt, ist trübe; man geht wenige Schritte und ist sehr einsam. Den Nachmittag des 20. und die darauffolgende Nacht brachten sie, ohne sich schlafen zu legen, unter den Wirtsleuten, in anscheinender Heiterkeit über die gleichgültigsten Dinge mit dem Wirte sprechend und Briefe schreibend, zu. Sie verlangten einen Fußboten, der das Paket mit der Nachricht von ihrem Tode, mit Abschiedsbriefen, mancherlei letzten Aufträgen und Begrüßungen nach Berlin an den zurückgelassenen Ehemann der Frau tragen sollte, und als am 21. der Wirt ihre Frage, ob der Bote wohl schon in Berlin angekommen sein möchte, bejahte, so bestellten sie für den zu einer schrecklichen Zusammenkunft durch jene Briefe eingeladenen Gatten und einen seiner Freunde Nachtquartier, ließen sich den Kaffee in eine stille Bucht, welche der See bildete, hintragen, setzten sich dort beide in die durch Ausrotten eines Baumes entstandene Vertiefung einander gegenüber und begehrten von der begleitenden Magd, daß sie noch eine Tasse bringen sollte. Als sich die letztere etwa fünfzig Schritte entfernt hatte, hörte sie zwei Schüsse fallen. – Man fand die Frau, die Hände faltend, ohne Zeichen des Lebens, eine Kugel durchs Herz geschossen; den unglücklichen Dichter gleichfalls entseelt, die Kugel durch den Kopf. Beide sind ihrem Verlangen gemäß, nebeneinander, an derselben Stelle, beerdigt worden.

Wie zwei der ausgezeichnetsten Naturen auf diese Weise alle göttlichen und menschlichen Gesetze verachtend beiseite setzen und in frevelhafter Gemeinschaft die Türe erbrechen konnten, welche zu öffnen der Himmel sich selbst vorbehält, bedarf keiner weiteren Erklärung. Wenn sie auch die größte Charakterstärke bewiesen hätten, so ist das neben dem Gesetze, welches sie verletzt, eine Kleinigkeit. Weit davon entfernt, sie zu rechtfertigen oder auch nur zu entschuldigen, klagen die hinterbliebenen Freunde zuvörderst sie aufs stärkste an. Dann aber ist es ihnen auch erlaubt zu sagen, daß das Leben beider übrigens so rein und fleckenlos war, als es ohne den höheren Glauben, den sie durch ihr Ende verleugneten, überhaupt sein konnte; ferner, daß Kleist wahr, ohne Falsch und ohne Ziererei irgendeiner Art gewesen und daß also seine Tat wenigstens durchaus frei von dem theatralischen Lichte war, welches falsche Emphase einerseits und Unverstand andererseits darauf hat werfen wollen. Wie er es als tragischer Dichter gemeint hat und was er geleistet und was also Deutschland an ihm verloren hat, wird, wie in solchen Fällen gewöhnlich, erst die Zukunft zu würdigen wissen.

*Aus „Schriftsteller über Kleist", mit freundlicher Genehmigung des Aufbau-Verlages*

**Adam Heinrich Müller**, auch Ritter von Nitterdorf (1779–1829), ein deutscher Philosoph, Diplomat, Publizist und Staatstheoretiker, war eng mit Heinrich von Kleist befreundet.

ARMIN MÜNCH

26.9.2010

*Eingegangen am: 28.09.2010 Chefredaktion*

MOZ-Redaktion GmbH

Sehr geehrter Herr Chefredakteur
Frank Mangelsdorf

Vielen Dank für Ihr Schreiben vom 20.9.2010.
Gern folge ich hiermit Ihrer Bitte (in Kooperation mit dem Kleistmuseum)
"Mein Kleist" und
"Wie stehst du zu Kleist?"
(Zu meinen Radier-Zyklus und Zeichnungen "Die Hermannsschlacht"):

Heinrich von Kleist schuf die "Die Hermannsschlacht" in dramatischen Zeiten der Napoleonschen Kriege.

Nun lebt die Menschheit seit 1938 in der Atomära.

Der Zweite Weltkrieg endete mit dem Atombombenschlag.

Die Kriege mit ihren Überraschungsangriffen — seit über 2000 Jahren Schlacht im Teutoburger Wald — haben sich nicht geändert: blitzschnelles Losschlagen —

und wie damals: Abschlachten!
(im Drama "Die Hermannsschlacht" da spritzt viel Blut)

Im Atombombenzeitalter bedeutet's den Mega Tod.

Sicher mahnt Kleists "Die Hermannsschlacht" zur Menschlichkeit.

Mit freundlichen Grüßen Armin Münch

*Arnim Münch,* **Zur Hermannsschlacht***, 1983, Kaltnadelradierung; Kleist-Museum Frankfurt (Oder), dargestellt ist Herrmann an der Eiche vor der Schlacht*

Der Grafiker **Armin Münch**, geboren 1930 in Rabenau bei Dresden, studierte an der Hochschule für Bildende Künste in Dresden und war Meisterschüler an der Akademie der Künste in Berlin. Er lebt und arbeitet in Rostock. Neben seiner künstlerischen Tätigkeit lehrte er von 1976–1991 an der Uni Greifswald und von 1996–2000 an der Uni Rostock.

EMINE SEVGI ÖZDAMAR

# Meine Kindheit hatte keinen Kleist

*Auszüge aus ihrer Dankrede zum Kleist-Preis 2004*

Meine deutschen Wörter haben keine Kindheit. Meine Kindheit hatte keinen Kleist. Wenn ich als Kind von Heinrich von Kleist gehört hätte, dass er so jung mit eigenen Füßen und Händen in den Tod gegangen war, hätte ich auch ihn in den Kreis meiner Toten aufgenommen, für die ich bis zu meinem 17. Lebensjahr jede Nacht betete. Ich sagte dabei ihre Namen auf, eine lange Totenliste. Es dauerte fast eine Stunde, bis ich alle Namen meiner Toten aufgezählt hatte. Und die Liste wurde immer länger und länger.

In meiner Familie standen die Toten in der Hierarchie ganz oben. Jedesmal, wenn meine Mutter oder Großmutter Wasser tranken, sagten sie: „Das Wasser soll in den Mund unserer toten Mütter fließen." Mein Vater hob jeden Abend sein Rakiglas auf die Männer, die wegen des Kummers dieser Welt am Rakitrinken gestorben waren. In unserem Istanbuler Haus, etwas krumm und aus Holz, machten die Spinnen überall ihre Betten. Wir töteten sie nicht. Mein Vater nahm oft eine Spinne in die Hand, ließ sie über seinen Arm laufen und sagte zu uns, sie sei unser verstorbener Bruder. In meiner Kindheit ging die Mutter meines Vaters, meine Großmutter, mit mir öfter auf den Friedhöfen spazieren…

Sie… blieb vor jedem Grabstein stehen und betete für die fremden Toten. Meine Großmutter konnte weder lesen noch schreiben. Ich las ihr die Namen der Toten vor und lernte die Namen auswendig. In der Nacht betete ich, zählte die Namen auf und schenkte ihren Seelen die Gebete. Ich schaute jeden Tag in die Zeitung und sammelte daraus die Namen der Toten. Meine Totenliste bestand hauptsächlich aus Armen oder Verrückten, aus Einsamen. Erst hatte ich nur türkische Tote, dann kamen auch andere dazu. Mein Bruder und ich lasen der Großmutter und ihren analphabetischen Freundinnen Romane vor. Zum Beispiel Madame Bovary, um die die alten Frauen weinten. So kam Madame Bovary in meine Liste der Toten, wenig später auch Robinson Crusoe.

Während ich Robinson Crusoe vorlas, fragte meine Großmutter immer: „Wie haben seine Eltern das ausgehalten? Was hat seine Frau gemacht? Was haben seine Kinder gegessen?" Großmutter musste immer an die Familie von Robinson Crusoe denken. Weil sie besorgt war, las ich ihr als Antwort Lügen vor, was seine Kinder aßen, Reis mit Lamm und Mais und Kastanien. Wenn ich ihr damals den Prinzen von Homburg von Kleist vorgelesen hätte, hätte sie auch gefragt: „Wie hat seine Mutter das ausgehalten? Was haben seine Frau und seine Kinder gemacht?"

Als ich mit zwölf Jahren im Stadttheater Bursa in „Bürger als Edelmann" spielte, hörte ich von erwachsenen Schauspielern, dass Molière auf der Bühne gestorben sei. So kam Molière auch auf meine Totenliste. Leider gelangte Kleist nie in meine lange Totenliste: Mit siebzehn verliebte ich mich in einen Jungen und vergaß alle meine Toten.

In den sechziger Jahren kam ich als junges Mädchen nach Berlin, blieb anderthalb Jahre in Deutschland und lernte Deutsch. In diesen anderthalb Jahren lernte ich Bertolt Brecht, Lotte Lenya, Ernst Busch und Franz Kafka kennen. Ein türkischer Theatermann, linker Brechtianer, nahm mich damals mit zum Berliner Ensemble...

Meine Kindheit hatte keinen Kleist, meine frühe Jugend hatte keinen Kleist und auch nach meiner ersten Deutschlandreise hatte ich keinen Kleist. Ich hörte von Heinrich von Kleist zum ersten Mal in meiner Istanbuler Schauspielschule. Es war zur Zeit der Achtundsechziger Bewegung, die es auch in der Türkei gab. Unsere Schauspiellehrer waren fast alle in der Achtundsechziger Bewegung engagiert, wir Schüler auch. Einer der Lehrer gab uns für jedes Wochenende Fragebögen mit nach Hause. Die Fragen lauteten zum Beispiel: „Was habe ich diese Woche getan, um mein Bewusstsein zu erweitern? Welches Buch habe ich gelesen?" Ich kam nach Hause und fragte meine Mutter: „Mutter, was hast du diese Woche gemacht, um dein Bewusstsein zu erweitern?" Weil sie über meine Frage staunte, übte ich bei ihr meine Achtundsechziger Sprache, die ich bei Berliner Studenten gelernt hatte. „Mutter, wer war zuerst da, die Henne oder das Ei?" Meine Mutter antwortete: „Du bist das Ei, das aus mir herausgekommen ist, und du findest jetzt die Henne nicht gut?"

Als unser Lehrer merkte, dass wir nicht viele Bücher lasen, legte er sich manchmal in der Klasse auf den Boden, und schrie: „Ihr müsst wie Prometheus das Feuer von den Göttern stehlen und den Menschen bringen. Wer von euch kennt Sartre? Heinrich von Kleist? Wer hat Michael Kohlhaas gelesen? Michael revoltierte wegen eines Pferdes gegen die Mächtigen. Das ist es! Wegen eines einzigen Flohs muss man eine Bettdecke verbrennen können. Das sind die großen Charaktere, die über ihre Grenzen gegangen sind. Ihr müsst über eure Grenzen gehen. Der Kopf eines guten Schauspielers muss wie ein Trapezartist oder Seiltänzer arbeiten, in jeder Sekunde zwischen Leben und Tod." Und er erzählte uns schreiend die Geschichte von Michael

Kohlhaas. Die Namen Kleist und Michael Kohlhaas blieben damals stark in meinem Kopf, vielleicht wegen der Pferde. In einer der berühmtesten türkischen Legenden rebelliert ein Bauer mit seinem fliegenden Pferd gegen die Großgrundbesitzer, und auch mein Großvater hatte Pferde. Eines davon, das er sehr liebte, hieß September. Als Großvater einmal Streit mit anderen Großgrundbesitzern hatte, entführen sie September und ließen ihn mit Steinen um den Hals im Euphrat ertrinken. Großvater weinte oft um September...

Mein erstes Theaterstück entstand im Bochumer Schauspielhaus. Ich las damals den Brief eines türkischen Gastarbeiters. Sein Brief war mit einer Schreibmaschine geschrieben. Er hatte keinen Rand auf dem Papier gelassen. Das Zweite, was mir auffiel, war, dass er an keiner Stelle schlecht über Deutschland gesprochen hatte. Er schrieb über seine Frau, die es weder in der Türkei, noch in Deutschland aushalten konnte. Sie reiste immer hin und her, und jedes Mal war sie schwanger. Ich wollte über ihn ein Drama schreiben und ihn zur Premiere einladen. Ich wollte ihm zeigen, dass sein Leben ein Roman war, so wie er es auch in seinem Brief behauptet hatte. In meinem Stück „Karagöz in Alemania" „Schwarzauge in Deutschland", ist Karagöz ein türkischer Bauer. Er macht sich aus seinem Dorf mit seinem sprechenden Esel auf den Weg nach Deutschland. Der Esel wird auf dem Weg zu einem Intellektuellen, weil er nicht mehr zu arbeiten braucht, er zitiert Marx und Sokrates, trinkt Wein und raucht Camel-Zigaretten und versucht sich mit einem Opel Caravan über kommende Kriege zu unterhalten ...

Wenn ich manchmal im Flugzeug im Himmel sitze, denke ich, wie viele Wörter unter der Erde liegen mögen, die die Toten, die ich liebte, mit sich genommen haben. Ich habe Sehnsucht nach ihren Wörtern. Wie viele Wörter hat Kleist mit sich genommen? Ich trinke dieses Glas Wasser mit dem Wunsch, den ich als Kind von meiner Großmutter und Mutter gelernt hatte: das Wasser soll in den Mund von Heinrich von Kleist fließen.

*stark gekürzt, Abdruck mit freundlicher Genehmigung der Autorin*

**Emine Sevgi Özdamar**, geboren 1946 in Malatya (Türkei), ist Schauspielerin, Theaterregisseurin und Schriftstellerin. Sie lebt in Berlin.

EMERITA PANSOWOVA

# Die Augen nach innen gekehrt

Im Jahr 1989 hatte die Kleistgedenkstätte in Frankfurt (Oder) vier Bildhauer dazu eingeladen, das Eingangsfoyer des Kleist-Museums neu zu gestalten. Mein Entwurf bestand aus einem Sockel mit der Heinrich-von-Kleist-Büste, der in einem Türrahmen steht. Einem der Türrahmen, wie sie sich im Museum befinden, doch ohne Tür und zugemauert. Den Zuspruch bekam mein Entwurf und ich hatte nun das Porträt zu gestalten. Es war nicht leicht, weil es bis auf eine kleine verbürgte Miniatur keine Abbildung des Dichters gibt. So habe ich mich bei der Erarbeitung von all dem leiten lassen, was ich vom Leben und Schicksal des Künstlers wusste. Sein Werk, das in der Geschichte der deutschen Literatur einen besonderen Platz einnimmt, fand zu seinen Lebzeiten nicht die verdiente Anerkennung. Überall stieß er auf Mauern, die Gesellschaft hatte für ihn keinen Platz. Sein Ausweg war der Freitod. Mit diesen Gedanken begann ich seinen Kopf zu formen. Die vorgeneigte Stirn ist vernarbt, die großen und flachen Augen sind nach innen gekehrt und der Mund ist nur mit leichter Linie angedeutet, still und verschlossen.

Die Bildhauerin **Emerita Pansowova**, geboren 1946 in Vrakún (Slowakei), war Meisterschülerin bei Ludwig Engelhardt an der Akademie der Künste in Berlin und lebt in Prenden bei Wandlitz. 2009 wurde sie mit dem Brandenburgischen Kunstpreis der Märkischen Oderzeitung geehrt.

*Emerita Pansowova „**Heinrich von Kleist**",*
*Gips getönt, Höhe 29 Zentimeter, Kleist-Museum Frankfurt (Oder)*

*Stephanie Lubasch über* ARMIN PETRAS

# Radikal und niemals kitschig

Die erste Begegnung mit Heinrich von Kleist? „Im Bücherschrank meines Vaters stand die Gesamtausgabe", erinnert sich Armin Petras. Der Sohn versucht es mit „Robert Guiskard" – und versteht kein Wort. Erst in Frankfurt (Oder), der Geburtsstadt des Dichters, ändert sich die Wahrnehmung. Anfang der 90er-Jahre hat Petras am Kleist-Theater sein erstes Engagement – „und es war unumgehbar, sich dort mit Kleist zu beschäftigen". Der junge Regisseur liest alles von ihm, Dramen, Novellen. Und er bringt ihn auf die Bühne. „Käthchenszenen" heißt seine sehr freie, sehr erfolgreiche Inszenierung nach Kleists „Käthchen von Heilbronn". Schauspielerin Cristin König, heute auch im Ensemble des Gorki Theaters, gab damals in Kittelschürze und Netzstrumpfhose ein ordentlich gegen den Strich gebürstetes Käthchen, eher rotzig als bieder, flippig statt sittsam.

„Eine schöne Arbeit", wie Petras sich erinnert. Auch wenn er sich seitdem nicht mehr in der Nähe aufhält, wenn eine seiner Inszenierungen Premiere feiert. Damals muss er mit ansehen, wie zweimal der Krankenwagen vorfährt. Zuerst bricht eine Zuschauerin zusammen, dann springt einem Schauspieler die Kniescheibe heraus.

1994 verlässt Armin Petras die Oderstadt wieder. Er arbeitet in Leipzig, Hamburg, Frankfurt am Main. Seit 2006 ist er Intendant des Berliner Maxim Gorki Theaters. Die einmal geweckte Liebe zu Kleist bleibt. „Die Texte, die er schreibt, sind die radikalste Annäherung an die damalige Wirklichkeit", erklärt der 46-Jährige, was ihn an dem Dichter so begeistert. „Mich haben zudem schon immer Autoren fasziniert, deren Werk durch das eigene Leben bekräftigt wird." Das Leben von Kleist sei ja selbst ein Drama. „Immer wieder hat er Projekte gemacht, die nicht funktioniert haben. Dass sein Selbstmord das Einzige war, was am Ende geklappt hat, hat ja fast schon eine gewisse Komik."

Auch Armin Petras schreibt: Unter dem Pseudonym Fritz Kater hat er Stücke verfasst wie „zeit zu lieben zeit zu sterben", für das er 2003 den Mülheimer Dramatikerpreis bekam. Oder „Fight City. Vineta", ein Drama um einen Boxer, das in Frankfurt (Oder) spielt. Was man als Dramatiker heute noch von Kleist lernen könne, sei auf jeden Fall die Trennung von Genre und Sujet, sagt Petras. „Er hat sein Genre immer sehr genau gewählt. Ritterschauspiel, Komödie. Das Sujet bildeten dann die Dinge, die ihn wirklich interessiert haben."

Dass es Kleist auf dem Theater nach wie vor schwer hat, findet der Regisseur zum Einen verständlich. „Die Frage ist aber: Was will man vom Theater?" Natürlich gehe es auf der Bühne immer auch darum, zu unterhalten. „Und ein Stück wie ‚Guiskard' ist nun mal nicht besonders unterhaltend. Ebenso wenig wie ‚Penthesilea'. Andererseits ist das das Spannende an Kleist, diese Bruchkante, die man immer spürt. Kleist wollte ja auch Mainstream. Beim ‚Amphitryon' merkt man das ganz gut." Eine starke Publikumsverschiebung sorge heute wiederum dafür, dass nicht nur Stücke wie „Der zerbrochne Krug" begeistern. Mittlerweile, glaubt Armin Petras, könne man das auch mit der „Hermannsschlacht" schaffen. Er selbst hat sie bereits zweimal inszeniert, zuletzt 2010 an den Münchner Kammerspielen. Dort brachte er auch den „Guiskard" auf die Bühne, jenes Fragment, das ihm einst so rätselhaft erschienen war. Wie er dafür werben würde, sich wieder einmal ein Kleist-Stück im Theater anzusehen? „Im Moment", sagt Petras, „ist ja der 200. Todestag die beste Werbung. Ansonsten aber würde ich sagen, dass Kleist heute wieder sehr modern ist – mit der Zerrissenheit, die er hatte, seiner komplizierten Sexualität, als großer Reisender." Ein Schriftsteller, den zu entdecken Spaß mache: „Und der seiner Zeit ohne Frage 200 Jahre voraus war." Kleist, findet Petras, sei einfach nie kitschig. „Trotzdem bleiben die Probleme stets sichtbar, ist die Geschichte nie abgeschlossen." Schwer zu sagen, wer heute in seiner Tradition stehe, aber: „Kleist, Hauptmann, Schleef, das ist für mich eine Linie."

Und Armin Petras' eigener Lieblingstext? „Das ist für mich schwer zu sagen, da Kleist einfach ein so großartiger Autor ist", erklärt der Regisseure und lacht. „Ich hoffe einfach, dass ich lange genug lebe, um noch ein paar mehr Texte von ihm zu inszenieren."

**Armin Petras**, geboren 1964, ist seit 2006 Intendant des Maxim Gorki Theaters Berlin. Er war 1992-1993 Regisseur am Kleist-Theater Frankfurt (Oder). Kleist-Stücke inszenierte er unter anderem am Berliner Maxim Gorki Theater, in Chemnitz, am Schauspiel Frankfurt/Main und an den Münchner Kammerspielen.

ARNO PIELENZ

# Bekäme Kleist den Kleist-Preis?

Nach dem Scheitern seiner „Berliner Abendblätter" im Frühjahr 1811 stand Kleist vor dem Nichts. In seiner Not (und in der seines Vaterlandes Preußen) wandte er sich an den König Friedrich Willhelm III. mit der Bitte, ins Militär zurückkehren zu dürfen – obwohl er bei seinem Abschiedsgesuch 1799 ausdrücklich hatte versichern müssen, nie wieder um eine Rückkehr einkommen zu wollen. Die Bitte wurde ihm für den Fall eines Krieges gegen Napoleon gewährt. Aber für die Ausrüstung habe er selbst zu sorgen. Die war nicht billig, und Kleist hatte kein Geld. Wieder einmal setzte er seine Hoffnung auf die Geschwister, vor allem auf die ihm am nahesten stehende Halbschwester Ulrike (aus der ersten Ehe seines Vaters). Und so fuhr er noch einmal in seine Heimatstadt Frankfurt (Oder) in sein Vaterhaus, auf dessen ihm zustehenden (aber längst ausgezahlten) Anteil er eine Hypothek aufzunehmen hoffte.

Es war der 18. September 1811. Einiges spricht auch dafür, dass diese letzte Begegnung mit seiner Familie im Oktober stattfand – auf jeden Fall, es war im Herbst, im Herbst auch seines Lebens. Die Reise aber war von allen erfolglosen Schritten, die er in seiner Sache getan hatte, die allerunglücklichste. (Michael Kohlhaas)

Denn Ulrike, die Einzige, die ihn stets unterstützt hatte, mit der er gereist war bis Paris, die nach Zürich mitten durch das Kriegsgebiet geeilt war, als sie von seiner Krankheit hörte – auch diese Ulrike stellte sich jetzt gegen ihn. Sie erschrak, ja, sie war entsetzt, als sie ihn unversehens wiedersah (er hatte sich nicht angemeldet). Otto Brahm hat wohl recht mit seiner Vermutung, er habe „gealtert, gebrochen, herabgekommen" ausgesehen. Dazu eine andere Schwester (wohl Auguste) und „die alte Wackern", eine Bekannte des Hauses, alle hieben auf ihn ein und nannten ihn „ein ganz nichtsnutziges Glied der menschlichen Gesellschaft"! Was für eine bösartige, was für eine gemeine Familie! – Wirklich?

Stünden Kleists Werke heute in den Bestsellerlisten? Würden sich die Theater um die Stücke eines unbekannten Autors reißen? Würde eine von ihm herausgegebene regierungskritische Zeitung überleben? Bekäme Kleist den Kleist-Preis? Ein Genie zu erkennen ist schwer, weil es dem Zeitgeist zuwiderläuft. Und das Zusammenleben mit ihm ist alles andere als konfliktlos, wie das Miriam Sachs gerade erst in einem vergnüglichen Gedankenexperiment in Gestalt eines Romans („Kleist in meiner Küche") gezeigt hat.

Wir sind 200 Jahre weiter, sind wir auch 200 Jahre klüger? Wenn da der verlorene Sohn zu uns käme, um abermals und wiederum um Geld zu bitten? Sein Erbe hatte er durchgebracht, die traditionelle und vielversprechende Offizierslaufbahn abgebrochen und so den König verärgert, das Studium nach kurzer Zeit hingeschmissen, den Staatsdienst leichtfertig verlassen. Alle seine Projekte – Zeitungen und Zeitschriften, Theateraufführungen, Buchhandlung – unter Verlust gescheitert. Umhergeschweift in Mitteleuropa, Spionageverdacht, französische Gefangenschaft (aus der ihn auch wieder Ulrike befreite), monatelang unauffindbar. Sicherlich waren da Erzählungen, Dramen, die zum Teil veröffentlicht waren, aber kaum Anerkennung fanden und nichts einbrachten. Wenige, ganz wenige erkannten sein Genie – heute spricht ihm das niemand ab. Nein: Kleists Geschwister hatten recht, aus ihrer Sicht, in ihrer Zeit. Für sie war er wirklich „nichtsnutzig", und es steht uns nicht an, uns zum Richter über sie aufzuwerfen. Geld bekam er nicht. Sein verzweifelter Antrag an Hardenberg, ihm doch 20 Louisdor vorzuschießen für die Ausrüstung, wird zu seinen Lebzeiten nicht bearbeitet. Auf ihm findet sich dann der Vermerk:

*„Zu den Acten, da der p. v. Kleist s. 21.11.11 nicht mehr lebt. Berlin, den 22. Xbr. [Dez.] 11. Hardenberg."*

Wie hat Kleist seine Familie und seine Vaterstadt verlassen? Er war erschüttert, verzweifelt, verbittert, enttäuscht. Blickte er noch einmal auf die Oder, die ja in unmittelbarer Nähe seines Elternhauses vorüberfloss? Er hätte am entgegengesetzten Ufer die Stelle sehen können, an der Herzog Leopold am 27. April 1785 bei dem Versuch ertrank, Hochwassergefährdete zu retten. Kleist war damals sieben Jahre alt und sicherlich davon tief beeindruckt. Ein ehren- und ruhmvoller Tod im Dienste der Gemeinschaft.

Ging er noch einmal am Denkmal für Ewald von Kleist vorüber, dem Offizier, Dichter und entferntem Verwandtem, der am 24. August 1759 in Frankfurt (Oder) seinen schweren, in der Schlacht bei Kunersdorf erlittenen Verletzungen erlag? Ein qual-, aber ehrenvoller Tod fürs Vaterland. Und er?

Die tiefste Erniedrigung.

Wehe, mein Vaterland, dir! Das Lied dir zum Ruhme zu singen,
Ist, getreu dir im Schoß, mir, deinem Dichter verwehrt!

Vermutlich also wird er die Stadt fluchtartig verlassen haben, und er war sich klar, dass es für immer war. War es auch der endgültige Abschied vom Leben? Er war zumindest jetzt wohl entschlossen dazu und hatte die Gefährtin für diesen Weg schon gefunden. In seinem Brief an Marie von Kleist, eine entfernte Verwandte, vor allem aber seine Freundin, die ihn und seine Werke verstand und schätzte, schrieb er:

„Aber ich schwöre Dir, es ist mir ganz unmöglich, länger zu leben; meine Seele ist so wund, daß mir, ich möchte fast sagen, wenn ich die Nase aus dem Fenster stecke, das Tageslicht wehe tut, das mir darauf schimmert.... So versichre ich Dich, ich wollte doch lieber zehnmal den Tod erleiden, als noch einmal wieder erleben, was ich das letzte Mal in Frankfurt an der Mittagstafel zwischen meinen beiden Schwestern, besonders als die alte Wackern dazukam, empfunden habe. ... Nun ist es zwar wahr, es war in den letzten Zeiten, von mancher Seite her, gefährlich, sich mit mir einzulassen, und ich klage sie desto weniger an, sich von mir zurückgezogen zu haben, je mehr ich die Not des Ganzen bedenke, die zum Teil auch auf ihren Schultern ruhte; aber der Gedanke, das Verdienst, das ich doch zuletzt, es sei nun groß oder klein, habe, gar nicht anerkannt zu sehn und mich von ihnen als ein ganz nichtsnutziges Glied der menschlichen Gesellschaft, das keiner Teilnahme mehr wert sei, betrachtet zu sehn, ist mir überaus schmerzhaft. ... Die Allianz, die der König jetzt mit den Franzosen schließt, ist auch nicht eben gemacht mich im Leben festzuhalten." Marie hat diesen Brief erst nach seinem Tode gelesen.

Da gab es noch einen Brief an ihn, der ihn nicht mehr erreichte. Sein Freund Dahlmann bot ihm eine gesicherte Existenz in seiner Nähe an. Vielleicht hätte dieser Brief Kleist noch gerettet.

Vor seinem Freitod, gemeinsam mit der todkranken Henriette Vogel, fand er die Ruhe zur Versöhnung mit Ulrike. Aus dem Gasthof Stimming bei Potsdam schreibt er:

„An Fräulein Ulrike von Kleist Hochwohlgeb. zu Frankfurt a. Oder.

Ich kann nicht sterben, ohne mich, zufrieden und heiter, wie ich bin, mit der ganzen Welt, und somit auch, vor allen anderen, meine teuerste Ulrike, mit Dir versöhnt zu haben. ... Du hast an mir getan, ich sage nicht, was in Kräften einer Schwester, sondern in Kräften eines Menschen stand, um mich zu retten: die Wahrheit ist, daß mir auf Erden nicht zu helfen war. Und nun lebe wohl; möge Dir der Himmel einen Tod schenken, nur halb an Freude und unaussprechlicher Heiterkeit, dem meinigen gleich: das ist der herzlichste und innigste Wunsch, den ich für Dich aufzubringen weiß.

Stimmings bei Potsdam d. – am Morgen meines Todes. Dein Heinrich"

Ulrike empfing diesen Abschiedsbrief Kleists in Guben, wo ihre Schwester Auguste mit Wilhelm von Pannwitz verheiratet war. Von seinem Selbstmord hatte sie auf der Hinreise durch Zufall erfahren. Was haben die Schwestern wohl gesagt? Haben sie über die letzte Begegnung gesprochen, ihr Urteil womöglich bereut? – Die Familie schwieg, verbrannte Briefe und Dokumente. Es gab nicht einmal eine Todesanzeige.

Hundert Jahre später, am 21. November 1911, legte die Familie Kleist einen Kranz auf sein Grab. Auf dessen Schleife stand: DEM BESTEN IHRES GE-SCHLECHTES.

**Arno Pielenz**, 1943 geboren in Finsterwalde, arbeitet seit 1996 an der historisch-kritischen Brandenburger Kleist-Ausgabe mit. Er wohnt in Cottbus und ist wissenschaftlicher Mitarbeiter an der Universität Potsdam.

MONIKA RADL

# Kleist-Erscheinung

Im Wedding, einem Bezirk im Norden Berlins, etwa vierzig Minuten Bahnfahrt vom Kleinen Wannsee entfernt, liegt meine Wohnung. Für gewöhnlich schlafe ich dort im Hinterzimmer. Eines Nachts in der Novembermitte wurde ich durch Schütteln geweckt und aufgeschreckt, deutlich sah ich dann diese Gestalt sich langsam vom Fuße meines Bettes fortbewegen und im Dunkel durch die Tür ins Vorderzimmer verschwinden. „Wer erlaubt sich, mich mutwillig zu stören?" Dergleichen rief ich nicht aus, denn ich teile mein Zimmer nicht mit einem invaliden Onkel und Geschwistern, es gab niemanden, den ich eines üblen Scherzes bezichtigen konnte, außerdem überbot meine Angst den Drang, Tumult zu schlagen, so versuchte ich mit äußerst verdrießlichem Gesicht, sobald wie möglich wieder einzuschlafen, was mir dann auch gelang. Dieser Spaß wiederholte sich in den folgenden zwei Nächten. Ich wurde geweckt, sah eine Gestalt und wusste nicht, wie und bei wem mich beklagen.

Am Tag nach der dritten Nacht, um die Mittagsstunde, kam im nahe gelegenen Rehbergepark ein fremder Herr in einem weißen Mantel und mit sehr bleichem Angesicht zu mir. Als ich davonlaufen wollte, redete er mir freundlich zu. „Fürchte dich nicht, ich meine es gut mit dir." Schnell beruhigte ich mich, kam mir der fremde Herr doch auf eine Weise bekannt vor, und mit tief betrübter Miene sprach jener weiter: „Ich habe schon sehr lange, lange auf dich gewartet. In den drei vergangenen Nächten bin ich dir erschienen, jetzt komme ich, um einen Dienst von dir zu begehren, dessen Gewährleistung du nicht zu bereuen Ursach haben wirst: Fahr morgen mit Sonnenaufgang mit einem Spaten versehen bis zur Bahnstation Wannsee. Dann grab an einen Ort, den ich dir zeigen werde. Du wirst dort Gebeine finden, über die mein Geist seit zweihundert Jahren ohne Ruh und ohne Rast herumirrt. Hast du die Gebeine herausgenommen, sollst du noch tiefer graben, sodann wirst du auf fünf vergilbte Bücher stoßen. Was damit zu tun, werde ich dir später entdecken." Nachdem er mir all dies gesagt hatte, kam der Herr plötzlich abhanden.

Abends erzählte ich meinem Notizheft, was sich im Rehbergepark zugetragen hatte. Unheimlich war mir zumute, doch ich hatte eine sichere Vermutung, wer sich hinter diesem fremden Geist verbarg, und witterte in den verheißenen Büchern so etwas von verborgenen Manuskripten. Um dieser Manuskripte willen beschloss ich, das Abenteuer zu bestehen.

Den anderen Morgen in aller Frühe machte ich mich, gehörig zum Graben gerüstet, auf. Kaum war ich an der Station Wannsee der Bahn entstiegen, empfing mich der Geist. „Ei, da ist der Herr schon!", rief ich so laut, dass eine Dame neben mir fragte, „Wo?" „Hier, dicht vor mir!" Die Dame schlug nicht etwa ein Kreuz über ihrem ganzen Leib, sie lachte. Nur mir zeigte der Geist sich sichtbar, zog still vor mir her, mich zu führen. Die Reise ging der bekannten Ruhestätte am Kleinen Wannsee zu, welche unterhalb einer Strasse liegt. Hier sollte ich graben, ich setzte den Spaten an und schaufelte heftig drauflos. Ich mochte ungefähr zwei Meter tief gegraben haben, als ich auf Totengebeine stieß. Sehr freundlich sah der fremde Herr meinem Schaffen zu, doch mit Anblick der Knochen stand mir der Angstschweiß auf der Stirn und mir blieb nur mehr wenig Sinn für die Freundlichkeiten eines zweihundertjährigen Toten. Ich mengte in Gedanken geistliche Lieder und Aves und Beschwörungsformeln bunt durcheinander, während der Gebeine immer mehrere wurden. Sie waren mit einem gewöhnlichen Schimmel überzogen und zerfielen an der Luft zu Asche. „Grabet dort mehr rechts", sprach der Herr und zeigte mit seinem Revolver eine Stelle an, „dort liegt mein Kopf." Da war's mit mir zu Ende. „Dein Kopf? Den hast du dir doch damals zerschossen!" Ich warf den Spaten hin, floh der nächsten Polizeidirektion zu und berichtete dort, was mir widerfahren war.

Aus dem Anlass eines Jubiläums heraus entschloss sich die Bezirksverwaltung, den verheißenen Manuskripten nachzuspüren: bald ward von Amts wegen nachgegraben, man gelangte zu einer beträchtlichen Tiefe, erweiterte, grub rechts und links, grub und grub – umsonst, die verborgenen Schriften zeigten sich nicht. Die Arbeiter kamen auf Schutt, die Hoffnung wuchs, der Schutt wurde durchwühlt, die Hoffnung sank und meine Verlegenheit stieg. „Manuskripte haben ihre Kaprizien, die respektiert sein wollen", fiel es mir ein, gescheit zu tun, „sie lassen sich nur von ‚sympathetischen' Fingern berühren! Lasst mich bei der Arbeit künftig gegenwärtig sein!" Man drückte mir einen kleinen Spaten in die Hand und ließ mich hin und wieder ein Schäufelchen Erde herausheben. Doch dem Geist wird es mehr um seine Knochen als um seine Schriften zu tun gewesen sein, denn auch meine Gegenwart verfing nichts, und endlich machte zunehmender Frost dem Suchen ein Ende. Der fremde Herr blieb mir seine Antwort schuldig und doch hat er nicht ganz so undankbar an mir gehandelt, als es mir zuerst schien – die gehofften Manuskripte, die er nicht entrückte, hatte er mir ja übrigens nie versprochen – so hatte er doch wahrscheinlich veranstaltet, dass Zeitungsleute an mich herantraten und um einen Artikel baten. Wer diesen anzweifelt, lese Kleists „Geistererscheinung", sie wird ihm Recht geben. Wem? Heinrich von Kleist.

**Monika Radl**, geboren 1976 in Sulzbach-Rosenberg (Oberpfalz), absolvierte ein Schauspielstudium in Rostock und war von 1999 bis 2008 an den Uckermärkischen Bühnen Schwedt engagiert. Schon damals schrieb sie Erzählungen, Stücke und Liedtexte. 2007 wurde im Frankfurter Kleist Forum ihr Stück „Kopf oder Herz" uraufgeführt, in dem sie den Selbstmord von Heinrich von Kleist und Henriette Vogel thematisiert.

KARIN RESCHKE

# Phantombild eines Dichters

Ein Mann, Löwenmaske auf dem Kopf, Uniformrock über die hochgezogenen Schultern gestülpt, eng geknöpft am Brustbein, die Arme, äffisch lang, Pantalons und Knobelbecher vollenden die Aufmachung. Die linke Hand stützt sich auf einen Stock mit Knauf und Schlaufe, zur Seite steckt ihm der Säbel. Die Gestalt, aufs Papier getuscht, steht allein, drei Grazien in Vogelmaskerade halten Distanz zum Löwenkopf – mit spitzem Pinsel festgehalten, auch sie, anlässlich eines Maskenfestes in Berlin um 1810. Unter dem Löwenkopf findet sich der Name Kleist. Der Uniformrock und die Löwenmaske witzeln gegeneinander. Ein Löwe, dem man den Reißzahn gezogen hat, der Uniformrock, ein Übrigbleibsel eines großen Kindes in preußischer Montur.

Kleist bewarb sich seinerzeit um Wiederaufnahme ins preußische Heer, das er 1799 verlassen hatte, um Privatier zu werden. Das große Kind, in seinen jungen Jahren porträtiert von der Verlobten des Dichters, Wilhelmine von Zenge. Seine Werke ziert es und will nicht passen zu seinen rabiaten Bühnengestalten, geschweige zu den Gewalttätern in seinen Novellen. Was für ein Kind sah Wilhelmine in ihm? Bös schaut es nicht aus, ein wenig zurückgeblieben schaut es aus – albernes Lächeln im Gesicht – eine Maske?

Wieland hat ihn gekannt, den jüngeren Mann, „von mittlerer Größe, ziemlich starken Gliedern", bei Tische an seinen Werken kauend, die Zunge schwer, das flüssige Sprechen brachte er nicht zustande. „Sein fruchtloses Streben nach einem unerreichbaren Zauberbild von Vollkommenheit" absorbierte ihn von jeder Gesellschaft. Und gegen Ende in Berlin. Rahel Levin hielt sich an seinem Unglück fest, das ihn ein Leben lang verfolgte, ER an ihrer Kaffeetasse. Wichtiger war ihr, das dumme Gerede in der Öffentlichkeit zu geißeln nach seinem Abschied vom Leben, zusammen mit Henriette Vogel. Die begabte Rahel wahrte Pietät, machte sich und uns kein Bild vom genialsten Pechvogel seiner Zeit. Und wir Heutigen kritzeln uns sein Wesen aus seinem Werk und sehen ihn nicht. Da helfen auch kein Eichendorff, der ihn sah und seine blauen Augen rühmte, kein Achim von Arnim: „Der arme Kerl, so wenig Freude mir seine Eigentümlichkeit gemacht hat, er tut mir leid ..." „Da sind die Toten schon abgefahren / Aus Brandenburgs Staub, ein Mann eine Frau / Erlauchte Fracht im hölzernen Karren / November der Himmel grau in grau" schrieb Kurt Bartsch in seinem Wannseegedicht, 1982.

**Karin Reschke**, geboren 1940 in Krakau, studierte Germanistik, und arbeitete an der FU Berlin und in der Redaktion des „Leviathan". Sie lebt als freie Schriftstellerin in Berlin und ist unter anderem Autorin des Buches „Verfolgte des Glücks. Findebuch der Henriette Vogel".

RAINER MARIA RILKE

# An Heinrich von Kleists wintereinsamem Waldgrab in Wannsee

Wir sind keiner klarer oder blinder,
wir sind alle Suchende, du weißt, –
und so wurdest du vielleicht der Finder,
ungeduldiger und dunkler Kleist.

Eng und ängstlich waren dir die Tage,
bis dein Weh den letzten wild zerriß
und wir alle klagten deine Klage,
und wir fühlten deine Finsternis.

Und wir standen oft an tiefen Teichen,
denen schon das Nachten nahe war,
und wir nahmen Abschied von den Eichen,
und wir kamen unsern Bräuten reichen
letzte Rosen aus dem letzten Jahr.

Aber zagend an dem Rand der Zeit
lernten wir die leisen Laute lieben,
und wir sind im Leben lauschen blieben
still und tief und wund von jungen Trieben –
und
da wurden uns die Wurzeln breit.

**Rainer Maria Rilke** (1875–1926) war einer der bedeutendsten Lyriker deutscher Sprache. Das hier abgedruckte Gedicht ist dem Band „Schriftsteller über Kleist", mit freundlicher Genehmigung des Aufbau-Verlages entnommen. Es entstand am 14. Januar 1898 und wurde erst aus Rilkes Nachlass veröffentlicht.

ILSE RITTER

# Liebesszenen zum Niederknien

Mit Kleist kam ich schon im Elternhaus in Berührung. Unser Vater hatte unzählige Bücher, er war Privatgelehrter und Autor. Oft las er uns vor, von Kleist zunächst die Anekdoten aus dem Kriege. Und dann ging es für mich mit Kleist natürlich weiter an der Schauspielschule Hannover. Nicht nur seine Stücke, auch seine Prosa waren dort zentrales Thema. Ich liebe diese Texte, sie haben mich mein Leben lang begleitet. Der „Brief an den jungen Dichter" oder „Über das Marionettentheater" zum Beispiel. Ein Muss für angehende Schauspieler. Für eine Zwischenprüfung bin ich mal ganz jung und ganz mutig im schwarzen Rock aufgetreten, habe die Meroe, die Schreckensbotin aus „Penthesilea", gegeben. Es wurde ein Riesenlacherfolg. Ich hab mich so geschämt. Dieser Gewalt, dieser Tragik war ich mit 16 eben noch nicht gewachsen.

Bei meinem ersten Engagement am Stadttheater Darmstadt spielte ich das Hexenmädchen aus den Schroffensteins. Beschwörend saß ich da, diesen Sud aus einem Kinderfinger kochend. Das war eine wunderbare Inszenierung von Hans Bauer, der in seinen jungen Jahren ja noch Assistent bei Jürgen Fehling war.

Doch wirklich tief beeindrucken mich bei Kleist diese großartigen Liebesszenen. Die sind zum Niederknien. Wie die Kinder der so tragisch miteinander verzürnten Familie Schroffenstein sich umeinander sorgen oder wie das halb schlafende „Käthchen von Heilbronn", dem Grafen so vollkommen unverstellt ihre Liebe gesteht. Das „Käthchen" hätte ich sehr gern einmal gespielt. Jürgen Flimm wollte mich in dieser Rolle sogar haben, doch ich war damals engstens und sehr zärtlich mit Peter Zadek befreundet. Der hat das verhindert. Ich sollte bei ihm spielen.

Irgendwann wollten Armin Holz und ich auch mal zusammen im „Amphitryon" auftreten, aber daraus ist leider noch nichts geworden. Seit 2008 bin ich die Zeugin Brigitte im „Zerbrochnen Krug" am Berliner Ensemble. Das ist ja nun keine bahnbrechende Rolle, aber sie macht mir großen Spaß. Peter Stein ist einer der wenigen Regisseure, die Kleist-Stücke sehr gut auf die Bühne bringen können. Er geht großartig mit Sprache um, hat Freude an diesen komplizierten Rhythmen. Und Kleist besaß ja auch so einen feinen Humor, auf höchstem Niveau. Ich glaube, er hatte Freude an den Menschen und ihren kuriosen Eigenarten. So wie jeder gute Schauspieler, wenn er nicht nur ein Selbstdarsteller ist. Schade, dass das Dasein dieses wunderbaren Dichters so kompliziert war, seine Lieben unerfüllt blieben. Das bewegt mich sehr, wenn ich über Kleist nachdenke.

**Ilse Ritter**, 1944 geboren in Schaumburg bei Rinteln, arbeitete als Schauspielerin mit vielen großen Regisseuren: Hans Bauer, Luc Bondy, Christoph Marthaler, Hans Neuenfels, Claus Peymann, Robert Wilson, Peter Zadek. Den österreichischen Dramatiker Thomas Bernhard beeindruckte sie so, dass dieser ihr und den Darstellern Kirsten Dene und Gert Voss ein Stück auf den Leib schrieb: „Ritter, Dene, Voss".

ROLAND ROTHER

# Wegezeichen

Mechanismen der Machtausübung, die unüberwindlich scheinen, sind Ignoranz und Schweigen, reicht das noch nicht, so tut es die öffentliche Diffamierung. Kleist muss dieses Gefühl der öffentlichen Ohnmacht gekannt haben, denn er hat sich mit all seinen Sinnen dagegengestemmt, solange er konnte.

Wer sich mit seiner Biografie befasst, wird einen Menschen entdecken, einen mit leichter Auffassungsgabe, einen eleganten, lebensfrischen, einen, der Tänze komponierte ohne die Noten zu kennen, einen, der Klarinette in einer Offiziersband spielte und augenblicklich alles gern nachsang, was er gerade gehört hatte. Sein Leben und sein Werk seien ein wild gezackter Spannungsbogen mit unerhörten Begebenheiten und einer Verbindung von Betroffenheit, Moral und makabrem Humor, habe ich irgendwo über ihn gelesen. Die Unbedingtheit und Vehemenz seiner Höhenflüge und Höllenfahrten, sein Wille zu Form und Gestalt sind für mich faszinierend und anregend. „Was ist wünschenswerter, auf eine kurze Zeit oder nie glücklich gewesen zu sein?", fragte Heinrich von Kleist in einem Brief an seine Verlobte Wilhelmine von Zenge. Und: „Darf man wohl von einem Menschen immer mit unerbittlicher Strenge die Erfüllung seiner Pflichten verlangen, oder kann man nicht schon mit ihm zufrieden sein, wenn er seine Pflichten nur immer anerkennt und den guten Willen, sie zu erfüllen, nie verliert." Solche Gedanken sind es, die mich zu künstlerischen Überlegungen ermuntern.

Viele Bilder steigen in mir auf, wenige eignen sich für Skulpturen, aber sie können wie Marksteine sein, Orientierungspunkte oder Wegezeichen. Da bin ich ein Suchender. Wenn ich beispielsweise an die Penthesilea denke. „Amazonen mit Meuten gekoppelter Hunde …", welch ein Bild! Welch eine Metapher! Die manipulierte Meute als Kampfhunde, da ist die Romantik wie weggeblasen. In meinem Kopf wächst dazu eine Idee: ENTKOPPELT DOG nenne ich sie.

„…*Wo du der Städte Mauern auch und Tore*
   *Zermalmst, Vertilgergott, gekeilt in Straßen,*
   *Der Menschen Reihen jetzt auch niedertrittst …*"
heißt es in seinem Drama „Penthesilea". Meine Kunstmedaille „Vertilgergott" von

*Roland Rother,*
*„Penthesilea",*
*Bronze, 1998*
*79x62x30 cm*

2004 ist ein Miniaturmonument eines sinnentleerten Kampfes. Man gebiert das, was einen zerstört oder man zerstört, was einen am Leben hält. Mit meiner 1998 geschaffenen Arbeit „Penthesilea" habe ich versucht, Körper- und Raumformen unlösbar zu einem dynamischen Bild zu verknoten. Dass sie im Kleist-Museum in des Dichters Geburtsstadt einen Platz gefunden hat, ist mir nicht nur wichtig, weil ich in Frankfurt an der Oder geboren bin. Und nicht nur deshalb ist mir der Schatten seines Hauptes heilig, wie ich frei nach Kleists Prinz Friedrich von Homburg sagen möchte.

Der Bildhauer **Roland Rother**, geboren 1944 in Frankfurt (Oder), studierte an der Kunsthochschule Berlin-Weißensee. Er lebt und arbeitet heute in Wilmersdorf bei Frankfurt (Oder). Arbeiten von ihm sind unter anderem in der Nationalgalerie Berlin, in den Staatlichen Kunstsammlungen Dresden, im Kleist-Museum und Museum Junge Kunst Frankfurt (Oder) zu sehen.

MIRIAM SACHS

# Ein berserkerhafter Typ

*„mein Heinrich, mein Süßtönender, mein Hyazynthenbeet…"*

Seit meinem 16. Lebensjahr versuche ich, diesen Kleist zu greifen, zu begreifen, ihn zu befassen oder mich mit ihm. Damals war es erstmal leicht. Er war so nah und greifbar wie der Buttertoast und das Gelb in meinem aufgeschlagenen Drei-Minuten-Ei.

Ich saß am Frühstückstisch und mein Vater – der besonders gerne Biografien las, gab das zum Besten, was er nachts in der von Kleist gelesen hatte – und vor allem das, worauf man nun gefasst sein dürfe: Gestern hätte er noch eine militärische Karriere vor sich gehabt und heute …? Ich hörte, dass er sich heute in Würzburg herumtreibe und keiner wüsste warum und wozu! Dass er sein Stück ins Feuer geschmissen habe! Dass er (zwei Frühstücke später) tatsächlich vorhabe, sich mit Goethe zu duellieren! Dass er (ein Samstag!) nun die erste Berliner Tageszeitung herausgäbe – und dass diese (bereits am Sonntag) durch die Zensur des Kanzlers mehr oder weniger den Bach runtergegangen sei. (An dieser Stelle verband sich für mich das Bild Hardenbergs prompt mit dem von Helmut Kohl).

Das Bild Kleists aber – auf dem Buch sah er aus wie ein viel zu freundlich lächelndes Kind – vermischte sich mit dem eines Rebellen. Kein heldenhafter, aber einer, der eben noch braver Schüler, auf obskure Reisen geht, Projekte am Laufen hat, sich ein Bein dafür ausreißt, alles will, alles gibt und dann dasteht – ohne Bein – oder zumindest angeschlagen, humpelnd. Und natürlich ohne Geld.

Das ist greifbar. Das macht meinen Kleist aus, noch bevor ich sein Werk zu lesen bekam, war er ein berserkerhafter Typ, den man offensichtlich unterschätzte. Der eine Bürde mit sich herumschleppt und durch die Welt hetzt.

Mein Kleist rennt gegen verschlossene Türen, um in unverschämtem Ton um Anstellung zu bitten. Er läuft auf Hochtouren – bei angezogener Handbremse, ein Berserker, der es sich mit allen verdirbt (meine Mutter nennt es immer Selbstboykott), er formuliert Sätze, die mit „Ja, aber Sie hatten doch…" beginnen und abrupt enden. Er duelliert sich mit den Leuten, die ihn aufzubauen versprechen, aber zu früh fallen lassen – beziehungsweise, er fordert nur auf! (hätte er sich eigentlich denken können, dass Goethe nicht sagt: „O.k. Kleist! Beim Morgengrauen dann also, bei mir im Park!" Und ein Stück verbrennen! Das ist ja eigentlich blöder, als ein Stück schlecht zu inszenieren. Der Weg des geringsten Widerstands! Vom Ende am Wannsee mal ganz zu schweigen.

Da hätte ich ihn gerne gepackt und geschüttelt und ihn dingfest gemacht. Darf man einfach gehen? Kleists Abschiedsbriefe sind nicht vorwurfsfrei, vielleicht eine Art Ballast, der abgeworfen werden muss, damit er selbst davonschweben kann, oder sich dem Zugriff entziehen.

Schön sind dagegen die Briefe, die er sich mit seiner Todesgefährtin Henriette geschrieben hat. Eigentlich sind es keine Briefe. Das Ding heißt Prosahymnus und ist ein Ringen um die rechte Anrede. Als begänne man einen Brief, zu dessen eigentlicher Aussage man gar nicht erst kommt, weil man nach der treffendsten Bezeichnung des Adressaten sucht. Und die Suche nach dem Kern ist vielleicht bereits die Aussage des Briefes.

„...mein liebstes Herz, meine Freude im Leid, meine Wiedergeburt, meine Freiheit, meine Fessel..."

Vielleicht ist auch das ein Versuch, sich zu begreifen.

Mein Kleist – mein Fragezeichen, mein Tortenheber, mein Auflauf, meine Springform, mein Worterguss, mein Zuckerbrot, mein Augenstern, mein Gerstenkorn, mein Getriebesand, mein Undsoweiter...

Am Ende hat man die Summe aller Teile und wieder keinen Kleist. Der liegt mittlerweile am Wannsee erschossen da und unbeholfen, und hat (un)vollendete Tatsachen geschaffen…

Eigentlich nicht gut. Und trotzdem: Wie habe ich Kleist verstanden. Mein Nagel im Kopf, mein lieber Schwan, meine Fresse, meine bodenlose Frechheit, mein Filmriss, meine Wut....

Das war die Zeit, in der ich für die Schülerzeitung schrieb (und auch die kämpfte mal mit der Zensur); als ich meine Facharbeit Deutsch in Fetzen riss, weil sie, trotz allem Herzblut, mit einem mittelmäßigen Befriedigend benotet wurde. Ich ging ruhig aus dem Klassenzimmer, zerriss das Papier und verließ das Schulgebäude, um an die Luft zu gehen. Es war Winter – klirrende Kälte und viel Schnee – und ich ging unverstanden durch die Stadt, an Orte, die mir einladender schienen als das Gymnasium. Ich glaube, tatsächlich ging ich zu Kaisers, kaufte mir zwei Snickers, dann in die Münchner Kammerspiele und sah mir die Aushangfotos an. Gisela Stein als Penthesilea vor einem Pappfelsen. Kniend, mit irre intensivem Blick in die Ferne schauend, einen gewaltigen Bogen umgeschnallt, das Haar straff nach hinten und in exotisch wildem Busch. Vielleicht der erste Kleist, den ich auf der Bühne sah.

Zufällig auch der erste, den ich selber spielte (an eben jenem Gymnasium, Abiturjahr, und zufällig trug ich die Haare genauso wie die Stein).

Penthesilea darf sterben, ohne Dolch, ohne Pfeil. Steht neben den Überresten des Achill, den sie versehentlich aufgegessen hat, und alle gucken und wissen nicht, was man dazu sagen soll. Irgendwie, als hätte man ein Kind vor sich, das schlimme Dinge getan hat, dann kommt es zu sich, ist wieder ein Kind in einer schrecklichen Welt. Das tut allen, die ringsherum stehen, plötzlich sehr leid. Man weiß ja nicht, was das Kind sonst noch so anstellen wird, wenn es sieht, was es getan hat. Alle sorgen schnell dafür, dass alle Dolche, Messer, Schere und Licht außer Reichweite sind. Unnötige Maßnahme! Die Selbsterkenntnis reicht völlig aus. Sie stirbt, ganz bewusst und von allein, Zug um Zug. Ein vegetativer Selbstmord. Einvernehmlich.

Dafür habe ich Kleist bewundert. So darf man sein Leben beschließen.

Aber sich eine Kugel durch den Kopf jagen? (Das ist ihm übrigens nicht geglückt: die Ladung war zu schwach und blieb stecken, er ist eher er-stickt, als er-schossen.

Schießen, Scheitern, Stolpern, in den Staub fallen, sich auf Krücken erheben, oder liegenbleiben.

Mein Kleist meldet sich immer genau dann. Zu spät, am falschen Platz, zu früh… Ist Stottern nicht genau das: wenn die Worte zu früh oder zu spät kommen, anstatt zur rechten Zeit, zur rechten Stelle zur Hand sind? Oder wenn alle auf einmal heraus wollen? „…meine Stimme, mein Richter, mein Heiliger, mein lieblicher Träumer, meine Sehnsucht, meine Seele, meine Nerven…"

Und an Stelle der Worte tritt: nichts – lieber ein Gedankenstrich.

Nach und nach wurde mein Kleist also der Dichter.

Der die wunderbarste Art zu sprechen in der deutschen Literatur gefunden hat. Eine brachiale Wortgewalt, die fast zu viel des Guten wäre, wenn sie sich nicht immer wieder selbst Einhalt gebieten würde. Das ist komisch und tragisch, seltsam, missverständlich. Herrlich.

Clemens Brentano hat mal gesagt, dass Kleist sich alle Personen seiner Stücke halb taub und halb dämlich denkt, und dass die Figuren deshalb immer alles mehrfach wiederholen müssen. So nach dem Motto:

Was, ich? Ja du! Wer? Du! Ich? Ja! Ich hätt? Wie, davon weißt Du nichts? Von was? Das hab ich doch gesagt! Hähhhh?

Mein Kleist wird dauernd missverstanden. Hört nicht richtig hin. Vergisst. Verträumt die Realität und wacht auf im falschen Film. Er weiß dann nicht mehr, was er geträumt hat, aber er weiß, dass es ein wichtiger Traum gewesen ist. Die restliche Zeit verbringt er mit der Rekonstruktion dessen, was passiert ist.

Die wesentlichen Dinge passieren im Schlaf, in der Ohnmacht, im Traum:

Man verliebt sich im Halbschlaf, verlobt sich im Fiebertraum, wird geschwängert in der Ohnmacht, und in der solchen auch vor den Altar geschleppt. Ohne Bewusstsein schläft man mit dem falschen Mann oder isst ihn auf oder dirigiert ein Oratorium.

Ein Plädoyer für einen erweiterten Bewusstlosigkeitszustand. Filmriss.

Kleist hat mich mein ganzes Leben begleitet. Anfangs studierte ich Literaturwissenschaften, da hörte ich ihn, später entschied ich mich doch fürs Theater, sah zu, wie Thomas Langhoff das Käthchen inszenierte (ich begann am DT als Hospitantin). Irgendwann spielte ich ihn und inszenierte selbst und habe auf diese Weise versucht, ihn zu meinem Kleist zu machen, eigentlich ist es immer noch der Versuch, ihn zu begreifen, ihn in Zusammenhang zu bringen, mit tausend anderen Dingen. Hier und Heute. Auf Myspace b i n ich Kleist. (www.myspace.com/hvonkleist) – und manchmal ist es auch eine ganz fürchterliche Sehnsucht, sich darüber auszutauschen mit der Welt.

In Wirklichkeit weiß ich natürlich, dass ich k e i n Kleist bin, und dass mein Kleist nicht d e r Kleist ist. Manchmal missbrauche ich ihn auch, setze ihn an meinen eigenen Küchentisch und stelle ihn dann wieder ins Regal (neben dem Pfeffer und dem Olivenöl) und denke, eigentlich kein guter Ort für eine Gesamtausgabe. Auf jedem der inzwischen fettfleckigen vier Buchrücken ist ein Porträt, auf jedem sieht er anders aus... –

„...*mein Schatten am Mittag, meine Quelle in der Wüste, meine geliebte Mutter, meine Religion, meine innere Musik, mein armer kranker Heinrich, mein zartes Lämmchen, meine Himmelspforte!*"

– wie nur?

---

**Miriam Sachs,** 1974 geboren in München, ging nach der Maueröffnung nach Berlin und arbeitet dort als Autorin, Theater- und (Trick)Filmemacherin. Im Kleistjahr kuratiert sie die interdisziplinäre Reihe „NeunmalKleist", mit mehreren Eigenproduktionen. Ihr erstes Buch kam 2005 bei der Edition Nautilus heraus, ihr Roman „Kleist in meiner Küche" erschien 2010 im Kleist Archiv Sembdner, Heilbronn.

HANS-GEORG SCHEDE

# Für ihn stand immer alles auf dem Spiel

Heinrich von Kleist ist für mich neben Georg Büchner der faszinierendste Autor der deutschen Literatur. Er blickt tief in die Abgründe der menschlichen Natur. Er zeigt das Leiden des Menschen an der Gesellschaft und das Leiden des Menschen an sich selbst. Beispielhaft für dieses Leiden des Einzelnen an sich selbst steht bei Kleist die Liebe. Liebe ist in Kleists Werk kein heller Bereich sanfter Gefühle, sondern ein drängendes, verstörendes Verlangen. Liebe ist hier immer in erster Linie Sexualität, und Sexualität entbindet gewalttätige und zerstörerische Triebe. Wollen und Tun klaffen auseinander. Der Wunsch, Vertrauen zu fassen, schlägt schnell in Misstrauen um (etwa in der Familie Schroffenstein oder in der Verlobung in St. Domingo). Aus der Kränkung durch missbrauchtes (oder scheinbar missbrauchtes) Vertrauen erwächst Grausamkeit, in der aber nach wie vor sexuelles Verlangen mitschwingt (so in der Beziehung zwischen Thusnelda und Ventidius in der Hermannsschlacht). Der Wunsch nach Nähe und Einheit führt nicht zu seliger Verschmelzung, sondern zu Unterwürfigkeit (Das Käthchen von Heilbronn) oder dem Versuch der Unterwerfung des Geliebten (Penthesilea). Liebe ist Qual, Existenz überhaupt ist Qual. Der Freitod erscheint als die einzige Möglichkeit, ihr zu entrinnen, persönliche Autonomie und Integrität zu behaupten. Der Gedanke an Selbstmord war von früh an Kleists ständiger Begleiter. Dass er ihn schließlich im Alter von 34 Jahren in die Tat umgesetzt hat, bezeugt, dass Kleist als Schriftsteller kein Experimentator war, der versuchsweise und letztlich im Innersten unbeteiligt verschiedene Haltungen ausprobierte. So wie für die Figuren von Kleists Dramen und Erzählungen immer alles auf dem Spiel steht, so stand auch die Existenz des Autors immer mit auf dem Spiel. Diesen Ernst merkt man dem Werk an. Es gibt Szenen und Momente bei Kleist, die man, nachdem man sie einmal gelesen hat, nie wieder vergisst.

**Hans-Georg Schede**, geboren 1968 in Koblenz, ist Redakteur bei einem Schulbuchverlag in Frankfurt am Main und der Verfasser des 2008 erschienenen Bandes „Heinrich von Kleist" innerhalb der Reihe „rowohlts monographien"

HANS SCHEIB

# Ein Radikalinski in begnadeter Hand

*„Lieber Bürger Scheib,*

*…Bitte, ruf ihn Dir mal vor's Auge, den Radikalinski Kleist, und gib, was Du siehst, weiter an Deine begnadete Hand! …*

*Mit ganz herzlichem Gruß*
*Old Katja"*

So habe „die Nötigung der Lange-Müllerin" ausgesehen, formuliert Hans Scheib den Anstoß für seine künstlerische Arbeit zu Heinrich von Kleist.

Scheib ist einer der bedeutendsten deutschen Holzbildhauer der Gegenwart. Konsequent vermeidet er in seinem Schaffen alle modischen Strömungen.

„Old Katja" ist die Schriftstellerin Katja Lange Müller, 1951 in Berlin-Lichtenberg geboren. Wie auch Scheib absolvierte sie zunächst eine Lehre als Schriftsetzerin, studierte später am Literaturinstitut „Johannes R. Becher" in Leipzig. Sie kehrte der DDR schon ein Jahr früher als der Holzbildhauer den Rücken und lebt heute in Berlin. Manche Lebenserfahrung war Anregung für schriftstellerische Arbeiten, wie beispielsweise für ihren 2007 erschienenen Roman „Böse Schafe".

**Hans Scheib**, Bildhauer und Grafiker, geboren 1949 in Potsdam, zunächst Schriftsetzerlehre, Studium der Bildhauerei an der Hochschule für Bildende Künste Dresden, danach freischaffend in Berlin-Prenzlauer Berg, 1985 Übersiedlung nach West-Berlin; Arbeiten unter anderem im Ludwig Forum für Internationale Kunst, Aachen, Museum Junge Kunst, Frankfurt (Oder), Museum „Louvre It Or Leave It", Minneapolis, National Art Museum of China, Peking

*Hans Scheib „H. v. Kleist",*
*Kaltnadel, Tusche, 2010,*
*14 x 11,5 Zentimeter*

FRANK SOEHNLE

# Kluges Gleichnis für Mensch und Material

Meint Kleist begegnet mir täglich. Es ist ein kleines Essay, das fast schnell hingeworfen wirkt. Ein paar Gedanken „Über das Marionettentheater", 1810 veröffentlicht in den Berliner Abendblättern. Doch diese Gedanken haben es in sich. Nie wurde das Theater der Fadenfiguren so klug zum Gleichnis für Mensch und Material verschmolzen, so fein die Definition über das Wesentliche in der Kunst gewagt. Und selten wurde die Magie der Kunstfiguren so auf den Punkt gebracht. Ein Konzentrat, das man immer wieder lesen möchte. Wer sich mit Tanz und Figurenspiel beschäftigt, kommt um Kleist nicht herum.

„… *Jede Bewegung, sagte er, hätte einen Schwerpunkt; es wäre genug, diesen, in dem Innern der Figur, zu regieren (…) Und die Linie, die der Schwerpunkt beschriebe, wäre nichts anders, als der Weg der Seele des Tänzers.*"

In einer Meisterklasse in Turin über zeitgenössisches Marionettentheater nahm ich Kleists Essay zum Ausgangspunkt meiner Recherche. Über Projektoren wurden Kernsätze aufs Bühnenbild „geschrieben". Nun liegen in meinem Atelier und Büro überall die Vorlagen mit Kleists Sätzen in unterschiedlichen Sprachen und begleiten meinen Alltag.

„*Ich sagte, daß ich gar wohl wüßte, welche Unordnungen, in der natürlichen Grazie des Menschen, das Bewußtsein anrichtet.*"

In einem seiner letzten Interviews bezog sich der japanische Tänzer und Mitbegründer des Butoh Tanzes, Kazuo Ohno, auf Kleists Marionettentheater-Text: Er könne, nach 80 Jahren Tanzerfahrung, nur noch von einem Gott oder einer Marionette lernen.

„*So stellt sich wenn die Erkenntnis gleichsam durch ein Unendliches gegangen ist, die Grazie wieder ein; so, daß sie, zu gleicher Zeit, in demjenigen menschlichen Körperbau am reinsten erscheint, der entweder gar keins, oder ein unendliches Bewußtsein hat, d. h. in dem Gliedermann, oder in dem Gott.*"

Ich stolpere über Fragen, die nach 200 Jahren noch inspirieren. In Tübingen, Turin und Yokohama. Zum Weiterdenken, zum Umdenken, zum Vordenken. Das ist „mein Kleist".

*Der Reutlinger Puppenspieler Frank Soehnle 2010 in Frankfurt (Oder)*

Der Figurenspieler und Regisseur **Frank Soehnle**, geboren 1963, lebt in Reutlingen und entwickelte 2010 mit neun Figurenspielern aus Deutschland, Italien, Frankreich und England ein Kleist-Projekt anhand der Erzählung „Über das Marionettentheater".

LUDWIG SPEIDEL

# Genährt von den besten Säften der Wirklichkeit

Die Mängel dieses außerordentlichen Geistes sind uns nicht unbekannt, und wir sind nicht dreist oder leichtsinnig genug, ihn mit dem in unseren Tagen so wohlfeil gewordenen Titel eines Klassikers anzureden. Er gehört nicht in die Zahl jener auserwählten geistigen Kulturhelden, die dem Denken und Empfinden ihres Volkes neue Bahnen gebrochen, die ihm die Augen geöffnet über eine unverstandene oder mißverstandene Welt, die ihm seine Sprache geschaffen haben und ihm alles geworden sind: Lehrer, Erzieher und Priester. Viel von solchem Zeuge steckt in Lessing und Herder, aber im höchsten Sinne erschöpfen den Begriff des Klassikers nur Schiller und Goethe. Man denke sich diese beiden Geister aus unserer Geschichte heraus – diese beiden, wohlverstanden –, und wo ist das deutsche Volk? … In solcher Nähe schrumpft Heinrich von Kleist freilich ein, denn was die Völker geistig und sittlich speist und tränkt, darüber verfügt er nicht entfernt in der Fülle wie jene. Ihm bleibt aber doch jenen gegenüber seine Eigentümlichkeit, eine Stelle in seiner Seele, von der er sagen kann: Das bin ich. Und diese Eigentümlichkeit bezieht sich auf das Drama, wo Schiller souverän geherrscht und worin Goethe das Genialste geleistet hat. Während Schiller und Goethe in ihrer späteren Zeit hin und wieder in allzu hohem Flug die Fühlung mit der Welt, mit der Wirklichkeit zu verlieren scheinen, schmiegt sich Kleist mit allen Sinnen an die Erde an, sprudelt in ihm eine starke volkstümliche Ader, die sich von den besten Säften der Wirklichkeit nährt. Er findet im „Käthchen von Heilbronn" den warmen, treuherzigen Ton des deutschen Volkes, den der ältere Goethe fast verlernt hat; in seiner „Hermannsschlacht" tönt der Schmerzensschrei einer schicksalsvollen Gegenwart, vor welcher andere sich wehleidig verschließen; sein „Prinz von Homburg" atmet die Zuversicht, einem Staatswesen anzugehören, das wohl momentan zu schädigen, aber in seinem Kern nicht zu tilgen ist. Das sind höchst positive Eigenschaften, die ihn von jedem Dichter seiner Zeit vorteilhaft unterscheiden. Und nun nehme man hierzu seinen dramatischen Stil, diese feste, männliche Sprache, diesen mit der Sache knappen und mit der Sache wachsenden Vers, diesen heißen Atem der Leidenschaft und diese tragische Konsequenz, die vor dem kühnsten Ziele nicht zurückscheut. Das sind gewiß poetische Qualitäten, die neben dem Kreise unserer klassischen Poesie ihre Berechtigung hatten und ihn selbst heilsam zu sprengen und zu erweitern den Beruf zu haben schienen. Leider konnte sich die Begabung Kleists, die von innen und von außen bedrängt war, nicht rein entwickeln. Es lag wie ein Fluch auf ihm, daß die besten Anläufe ihr Ziel verfehlten, daß ihm die aussichtsvollsten Unternehmungen, als sei ihm ein Dämon entgegen, in der Hand zerrannen oder in ihr Gegenteil umschlugen. Sein starkes Gefühl für die Realität wurde fast immer schließlich von einer phantastischen Marotte durchkreuzt, und die festesten Gebilde, scheinbar so unerschütterlich in der Erde wurzelnd, gingen ihm nicht selten in Rauch und Nebel auf. Das Rätsel seiner Dichtung ist auch das seines Lebens...

*Aus „Schriftsteller über Kleist", mit freundlicher Genehmigung des Aufbau-Verlages*

**Ludwig Speidel** (1830–1906) war ein deutscher Theaterkritiker. Er ging 1853 nach Wien und wurde dort ein wichtiger Vertreter des Feuilletons. Diese Rezension erschien am 13. Oktober 1876 in der Wiener „Neuen Freien Presse".

SABIN TAMBREA

# Forschen mit geöffnetem Herzen

Als ein in der Welt der klassischen Musik aufgewachsener Schauspieler erfuhr ich früh, dass Musik nicht als eine Sprache, sondern als ein Gefühl zu definieren ist, welches keiner Worte bedarf. Denn Sprache kann, wenn sie zu beschreiben versucht, eine Einengung oder Beschneidung eines Gefühls durch die begrenzte Anzahl an Formulierungsmöglichkeiten verursachen. Die Sprache eines Dichters wie Heinrich von Kleist berührte mich und bewies mir das Gegenteil dieser, meiner, Überzeugung dadurch dass sich seine Sprache vor meinen Augen und Ohren gerade durch Worte in Musik verwandelte, in ein undefinierbares Gefühl, das diesmal nicht durch Worte eingeengt, sondern geradezu potenziert wird.

Die Proben zum „Käthchen von Heilbronn" verliefen nach meiner Befreiung von der Angst, die unfassbar große Rolle des Wetter vom Strahl als 25-jähriger Schauspielschulabsolvent nicht bestehen zu können, sehr aufregend und boten mir neue Horizonte zur Erschaffung eines Charakters. Wir versuchten uns den Rollen durch viele Darstellungsformen anzunähern – als Cartoon, Parodie, Pantomime. Das brachte uns nach und nach dem Kern von Kleists „Ritterschauspiel" näher, da wir merkten, dass keine dieser Formen Kleist ersetzen konnte und wir nicht umhin kamen, uns mit den Inhalten allein auseinanderzusetzen. Die Regisseurin Simone Blattner beharrte bei mir jedoch bis zum Ende darauf, dass ich die meisten Textpassagen mit improvisierten Melodien singen sollte, denn Schauspieler, wie stark sie auch gewohnt sein mögen, zu ge- und überzugestalten, kehren mit einem Schlag zu ehrlicher Naivität zurück, sobald sie singen müssen.

Dies ermöglichte mir wiederum, den Bogen von Kleists Text über die Musik zur Wahrhaftigkeit zu spannen. Bei allen intellektuellen Analysen und formalen Dehnübungen mussten wir lernen, uns auch wieder von ihnen zu lösen, um der Urkraft des Lebens zu vertrauen, der Liebe und der Fähigkeit, zu empfinden. Die Besetzung war bei dieser Inszenierung sehr ungewöhnlich. Ich, als viel zu junger Darsteller des Grafen Strahl, stand nicht etwa einem um Jahre jüngeren Käthchen gegenüber, sondern einer erfahrenen Frau meines Alters. Eine mögliche Spielart der Rolle Strahls, Liebe durch väterliche Gefühle mit Aspekten des Mitleids zu definieren, entfiel dadurch, genauso wie die Berechtigung Strahls, Käthchen stets als „Kind" anzusprechen.

Des Weiteren verfolgte das Inszenierungsteam die inszenatorische Idee, die Geschichte als Spiel in Spiegeln zu erzählen, in einem sich um unendliche Ebenen nach hinten verlängernden Bühnenbild, als Traum im Traum, in dem nun also Alters- und Standesunterschiede ihre Gravitation verloren, und die Figuren durch die Schwerkraft anderer Aspekte am Boden gehalten werden mussten. Aus diesem Grund wurden die Figuren bei uns nicht nur Träumer, sondern zugleich auch Traumlose auf der Jagd nach den Träumen anderer, um aus diesen die Wirklichkeit zu erkennen. Im Herzen des Stückes, der Holunderbuschszene, bekamen wir dadurch die Möglichkeit, im Traum eine Szene spielen zu können, deren Realität realer zu empfinden war, als diese Figuren sie im traumlosen Zustand der Wirklichkeit hätten erleben können. Kleist war offen für die naiven Sehnsüchte des Menschen und schrieb intuitiv, zukunftsahnend und bereit für die Entwicklungen in kommenden Zeiten.

Eine zu Kleists Zeit fragwürdige Figur wie Kunigunde von Thurneck wirkt heutzutage wie eine Persiflage auf die Grausamkeiten der Schönheits- und Restaurationsindustrie. Das Femegericht, vor dem der Waffenschmied Friedeborn den Grafen vom Strahl anklagt, seine Tochter Katharine mit der Kraft der Magie entführt zu haben, bietet wie ganz nebenbei die menschliche Bestätigung für das weitaus jüngere, 1978 erschienene wissenschaftliche Werk „Sexualität und Wahrheit" von Michel Foucault. Des Weiteren komponiert Kleist mit Käthchen ein Wesen, das in seiner grenzenlosen Unemanzipiertheit dennoch eine Stärke entwickeln kann, die durch Gewissheit und Zuversicht und trotz aller Eskapaden den tiefen Wunsch nach einer absoluten, kompromisslosen Liebe weckt. Und der Dichter stattet so diese Figur mit Eigenschaften aus, die das genaue Gegenteil zu dem anfangs karrierefixierten und gefühlsfernen Typus wie dem Wetter vom Strahl bilden.

So gesehen stehen die beiden Hauptfiguren Käthchen und Strahl stellvertretend – zum einen für die Mentalität einer ganzen Gesellschaft, zugleich aber auch für die wahren Wünsche eben jener, die wie bei Kleist mit aller Kraft von sich fern gehalten werden. Für mich personifiziert Kleist die expandierenden Grenzen eines Schauspieleruniversums, in dem alle agierenden Planeten, unabhängig von ihrer

Beschaffenheit, Größe und ihres Alters eine Daseinsberechtigung für ihre individuellen Entwicklungen und Ansichten finden. Auch wenn Wissenschaftler bisher meinten, dass es im Quecksilber keine Überlebensform geben kann, so ist das nach den Regeln anderer Planeten, und nach neueren Erkenntnissen dennoch nicht auszuschließen. Das Forschen mit geöffnetem Herzen kann unendliche Überraschungen hervorbringen – im Universum wie bei Kleist.

Der Darsteller **Sabin Tambrea,** geboren 1984 in Tirgu Mures (Rumänien), hat eine musikalische Ausbildung an verschiedenen Instrumenten genossen und studierte Schauspiel an der Hochschule „Ernst Busch" in Berlin. Am Berliner Ensemble spielt er seit März 2010 unter anderem den Wetter Graf vom Strahl in Kleists „Das Käthchen von Heilbronn", mit Laura Tratnik als Käthchen.

KARL AUGUST VARNHAGEN VON ENSE

# Eine herrliche Dichterseele

*An Friedrich de la Motte Fouqué*

*Prag, den 19. Dezember 1811*

***Du warst wohl*** nicht weniger als ich bestürzt über Kleists traurigen Ausgang, mein innig geliebter Freund! Eine so herrliche Dichterseele, ein so schönes Talent missen wir nun, Freunde des Mannes und seiner Kunst! Zwei Tage bevor mir Brentano, denn dieser erfuhr es zuerst, die Nachricht brachte, hatte ich mit steigendem Vergnügen den zweiten Teil der liebevollen Erzählungen durchgelesen, und indem ich mit Liebe bei seiner Dichtung verweilte, ging ich unmerklich in das Gefühl des Wohlgefallens über, das ich mir für unser Wiedersehen dachte, ein Ereignis, das mit vielen andern ich seit langer Zeit gewohnt war mir nahe zu denken; so lange nämlich, als mein Verlangen schon dauert, nach Berlin zu kommen; und wenn nicht aber dort, doch wenigstens im Preußischen fortan zu leben. Noch weiß ich keine näheren Umstände von Kleists sonderbarem Ende, allein nach allem, was mir Pfuel, was mir Brentano von seinen Eigenheiten und seinen letzten Schicksalen erzählt haben, bedarf ich eben keiner Erklärung; die Wege sind mir nicht fremd, deren Ziel so aussieht. Der Körper muß sich gefallen lassen, von dem Leid der Seele fortgerafft zu werden, während er selbst noch frisch könnte weiterleben, und er macht es mit der Seele oft nicht besser. Aber wie sehr am äußersten Rande muß der Arme noch gelitten haben, ehe er mit sich auch sein Talent, das er vergötterte, zu vernichten sich entschließen konnte. Pfuel war überaus getroffen, aber ihm war es nicht unvorhergesehen gewesen, und nur unerwartet, daß es schon jetzt geschehen sei. Laß mich hinwegblicken von dem in tausendfältiger Verwirrung Abgeschiedenen auf Dein freundliches, einfaches, liebevolles Leben und Dichten!

*Aus „Schriftsteller über Kleist", mit freundlicher Genehmigung des Aufbau-Verlages*

**Karl August Varnhagen von Ense** (1785–1858) war Erzähler, Biograf, Tagebuchschreiber, Offizier und Diplomat. Als Hauslehrer und Erzieher bei Familien des jüdischen Bürgertums lernt er früh Adelbert von Chamisso, Friedrich de la Motte Fouqué und Ludwig Uhland kennen. 1814 heiratete er die 14 Jahre ältere Literatin Rahel Levin.

SYBIL WAGENER

# Am Rand des Alltags lauert der Wahnsinn

Als ich elf oder zwölf Jahre alt war und meine Kinderkrankheiten absolvierte, las ich mich durch den Bücherschrank meiner Eltern. Meine Mutter konfiszierte zwar die Liebesromane, doch niemand hatte Bedenken, mir den Klassiker Heinrich von Kleist in die Hand zu geben, dessen Dramen und Erzählungen ich mit einer Mischung aus Grauen und Staunen verschlang. Kleists Sprache, die atemlosen, rhythmisierten Perioden, die nicht enden wollen, zogen mich in ihren Bann. Diese Texte sind für ein Kind überhaupt nicht schwer zu lesen. Sie beschreiben überaus konkret eine Wirklichkeit, die zwar grausam ist, aber auch folgerichtig: einmal eingeleitet, nimmt das Verhängnis seinen Lauf. Es fließt viel Blut, und es wird bis zur Selbstvernichtung geliebt; sehr viel anders als die Märchen der Brüder Grimm erschien mir die Lektüre nicht. Damals formte sich mein Weltbild etwas abseits vom Standard bürgerlicher Töchter. Das Gefühl dafür, dass am Rand des Alltags der Wahnsinn lauert, verdanke ich Kleist. Im Deutschunterricht lernten wir nur Schiller und Goethe kennen, deren Botschaft in seltsamem Kontrast zu dem stand, was wir aus der Zeitung über Treblinka und Auschwitz erfuhren. Kleists Werk klammert den Abgrund nicht aus.

Von der Literaturwissenschaft, die gewöhnlich nicht über den Schreibtischrand blickt, ist die Tatsache wenig beachtet worden, dass er ein „Kindersoldat" war, der im zarten Alter von 16 Jahren das Töten lernte. Heute wissen wir, was das bedeutet: Lebenslange Traumatisierung. Als Vierzehnjähriger war er in das Traditionsregiment seiner preußischen Adelsfamilie eingetreten, für deren Männer keine andere Laufbahn vorgesehen war. Mit dem Regiment Nr. 15 kämpfte er 1793–1795 in den Schlachten von Pirmasens, Kaiserslautern und Trippstadt gegen die französischen Revolutionstruppen. Als Unteroffizier führte er einen Trupp Infanteristen in den Nahkampf, den die Bajonette entschieden. Es waren traumatische Erlebnisse, die er zu Papier brachte. Die Bilder von Totschlag und Mord, die sein Werk durchziehen, sind wie eine Blutspur, die in diese „Lehrzeit" zurück führt.

1799 quittierte er den Dienst, um unter anderem Philosophie zu studieren, aber schon ein Jahr später warf er hin. Kants Entwurf einer gerechten Gesellschaft, in der sich die Weltordnung spiegelt, kollidierte mit dem Chaos, das er in sich trug. „Fürchterlich schien ihm das Wesen, das über den Wolken waltet", heißt es im „Erdbeben von Chili". Er floh aus Preußen, dessen nüchterner Geist seiner Muse Zügel anzulegen schien, aber weder im postrevolutionären Paris noch in der liberalen Schweiz kam er zur Ruhe. Seine wichtigsten Werke verfasste er in einer Königsberger Dachkammer. Das Bild des Dichters, der sein Bett nicht verlässt, um Tag und Nacht zu schreiben, ist symbolisch für seinen Zustand: Schreiben bedeutet Heilung, bedeutet Überleben. Seine wichtigsten Werke entstanden hier: „Amphitryon", „Der zerbrochne Krug", „Michael Kohlhaas", „Penthesilea". Der Krieg ist in allen präsent. Das Lustspiel „Amphitryon" beginnt mit einer Schlachtbeschreibung, Michael Kohlhaas führt seinen Privatkrieg, Penthesilea trifft und tötet Achill auf dem Schlachtfeld. Selbst im „Zerbrochnen Krug", dem leichtesten der Stücke, wird die Plünderung durch die Franzosen erwähnt, die der Krug heil überstanden hatte, bis der nächtliche Besucher ihn vom Fensterbrett stieß.

Aus der Dachkammer wurde der Dichter durch den realen Krieg vertrieben. Im Oktober 1806 unterlag Preußen Napoleons Truppen bei Jena und Auerstedt. Kleist wurde von Bildern der Katastrophe quasi überwältigt, er vollendete, als der Hof nach Königsberg und weiter nach Memel fliehen musste, einen seiner hoffnungslosesten Texte, „Das Erdbeben von Chili". Als preußischer Offizier in Zivil kam er in Kriegsgefangenschaft, die er wiederum zum Schreiben nutzte, die „Marquise von O…" entstand, auch eine Kriegsepisode, die aber nach dem Comment des Adels taktvoll geregelt wurde. Nach seiner Entlassung überwältigte ihn der Patriotismus, er verfasste „Die Hermannsschlacht", der das zivilisatorische Element der Distanz fehlt, und – schlimmer noch – seine sogenannte „Kriegslyrik" voll von Hass- und Mordparolen gegen die Franzosen. Es müssen die Erinnerungen des Kindersoldaten gewesen sein, die ihm die Feder geführt haben, denn seit damals hatte er an keiner Kriegshandlung mehr teilgenommen.

Als er mit 34 Jahren Selbstmord beging, hatte er in seinem Werk ein Universum der Gewalt, des Verrats, der Zerstörung ausgemessen, denen sich, oft vergeblich, manchmal erfolgreich, eine andere Ur-Kraft entgegenstemmt: die Liebe. Kleists Frauengestalten haben in der deutschen Dramatik nicht ihresgleichen. Jede von ihnen, Käthchen, Penthesilea, aber auch Alkmene, Eve und sogar die am Hof erzogene Nathalie, gerät mehr oder weniger in kriegsbedingte Hysterie. Liebe in Zeiten des Krieges ist ein Ausnahmezustand. Penthesilea hat den Geist des Krieges verinnerlicht wie ein Mann, wer sich ihr nicht ergibt, bleibt ihr Feind, die Frauenrolle hat sie nicht gelernt, ihre Leidenschaft für Achill treibt sie in den Wahnsinn, sie erlegt ihn wie ein Stück Wild und frisst ihn buchstäblich auf; wahrhaftig kein Vorbild für Bürgertöchter. Das Käthchen ist aber auch nicht das brave Handwerkerkind, als das es vorgestellt wird, sondern eine Kaisertochter, die nichts von ihrer Herkunft ahnt; sie wirft ihrerseits alle Regeln gesitteten Benehmens über Bord und heftet sich an die Fersen ihres coup de foudre, der zufällig in der Werkstatt vorbeigekommen ist und den sie andernfalls nie wiedersehen würde. Kleist meint es vermutlich nicht ironisch, wenn er den Grafen von Strahl erst auf sie aufmerksam werden lässt, als sie ihn vor dem geplanten Überfall auf seine Burg warnt und dabei eine militärische Lagebeurteilung abliefert, die das kaiserliche Erbgut verrät. Alkmene wiederum ist die typische Feldherrngattin, die ihrem Mann sehr selten, und wenn, dann nur in Rüstung oder im dunklen Schlafzimmer begegnet, so dass ihr ein Krieger wie der andere vorkommen muss und es Zeus leicht fällt, Amphitryons Identität zu stehlen. Eve ist noch die vernünftigste dieser fünf Kleist-Frauen, doch um Ruprecht vor dem Auslandseinsatz in den Kolonien zu retten, ist sie bereit, ihren guten Ruf zu opfern, was in einer Dorfgemeinschaft auch eine Art von Selbstmord bedeutet. Des Königs Nichte Nathalie ist sogar entschlossen, mit ihrem Regiment Hochverrat zu begehen, um den Prinzen von Homburg zu befreien; nachhaltiger kann man den preußischen Staatsgedanken nicht beschädigen. Diese Frauen sabotieren die Regeln der Gesellschaft, zwar der Liebe wegen, aber mit erstaunlicher Kompromisslosigkeit; so viel verstand ich schon damals.

Das Stück, das Kleist als hommage an den König schrieb, „Der Prinz von Homburg", zeigt, dass er endlich zu seiner preußischen Identität gefunden hatte, doch die Hofgesellschaft begriff nur die Subversion, nicht die Apotheose. Sein Selbstmord gelang ihm jedenfalls zu einem hochsymbolischen Akt – er ließ sich auf eine Liebe ein, die sich schriller nicht hätte artikulieren können und tötete ein letztes Mal in seinem Leben, bevor er sich selbst erlöste.

**Sybil Wagener**, geboren 1940 in Nürnberg, lebt in Berlin. Sie ist Schriftstellerin und Regisseurin. 1995 drehte sie für den Bayerischen Rundfunk „Wilhelmine. Ulrike. Marie. Henriette - Heinrich von Kleists Suche nach dem Glück". 2003 erschien im Aufbau-Verlag ihr Buch „Kleist für Eilige".

CHRISTIANE WARTENBERG & ULRICH KARLKURT KÖHLER

# Ein grafischer Dialog zu Kleists Penthesilea

Unsere grafische Zusammenarbeit zu Leben und Werk Heinrich von Kleists begann 2003 mit fünf Blättern zu *Penthesilea*. Sie entstanden auf Anregung der Kuratorin Monika Tschirner in direkter Korrespondenz zur zehnteiligen *Penthesilea*-Kaltnadelradierfolge (1969) von Oskar Kokoschka, die sich in der exzellenten bildkünstlerischen Sammlung des Kleist Museums Frankfurt (Oder) befindet. Das Kleist Museum erwarb auch unseren Zyklus und stellte beide Grafikfolgen im Ausstellungsraum seines Hauses aus.

In ähnlicher Weise entsteht 2011 unser neuer Grafikzyklus zu *Das Käthchen von Heilbronn oder die Feuerprobe, ein großes historisches Ritterschauspiel*, das Gegenstück zu *Penthesilea, ein Trauerspiel*.

Aus Oskar Kokoschkas *Penthesilea*-Folge übernehmen wir die grafische Technik der Kaltnadelradierung, die genauen Titel fünf seiner Grafiken und in etwa die Haltung und Handlung der beiden Protagonisten auf den jeweiligen Blättern. Aber ganz im Gegensatz zu Kokoschka stellen wir in Penthesilea und Achill nicht den leiblichen, sich ewig wiederholenden Kampf der Geschlechter dar. In den Kaltnadelradierungen von Christiane Wartenberg sind die Protagonisten in geometrische Figuren verfremdet. Achill wird vom Rache- und Eroberungsgesetz der Griechen bestimmt. Besessen folgt Penthesilea dem Rosenritual der Amazonen, nur einen Mann im heiligen Themiscyra zu empfangen, den ihr das *Schwert würdig zugeführt*. Die zwei kleinen Kupferstiche von Ulrich Karlkurt Köhler funktionieren in den Blättern wie gestempelte Gesetze oder ritualisierte Prägungen. Sie stehen zwischen der liebenden Penthesilea und dem liebenden Achill. Sie werden von ihnen nicht hinterfragt und führen zum tödlichen Missverständnis. Zwar erkennt Achill das Ritual der Amazonen und stellt sich Penthesilea im Kampf, um sich erobern zu lassen. Doch zu spät. Einer zuvor von ihm besiegten Penthesilea darf er nicht angehören. Sie tötet ihn im Wahnsinn. Zu spät sagt sie sich vom Gesetz der Amazonen los. Sie umarmt seine Leiche und ersticht sich selbst.

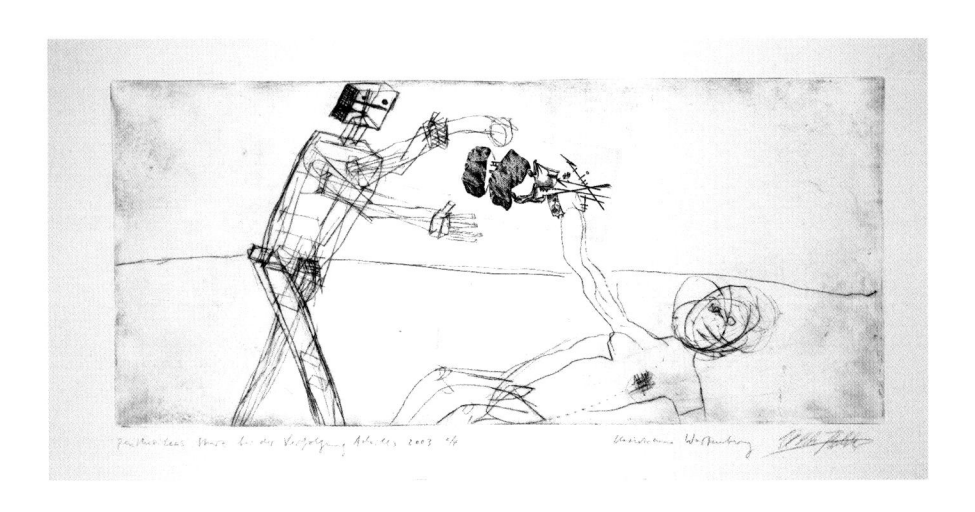

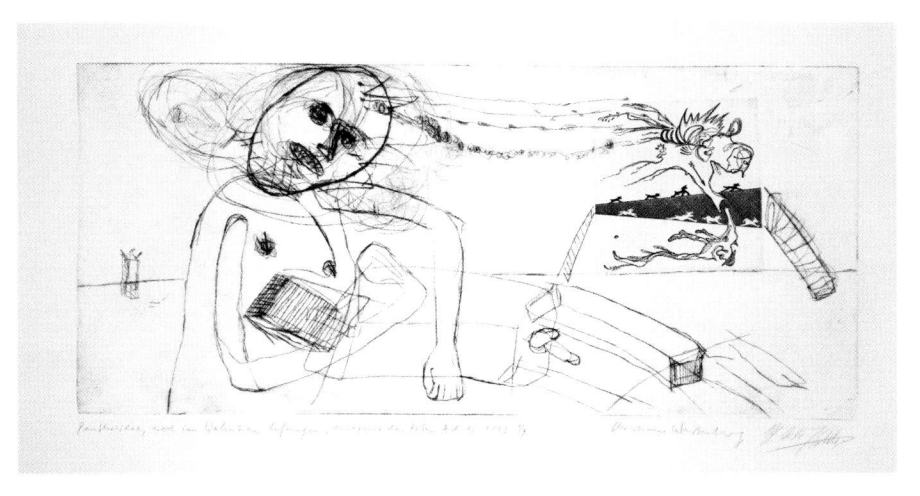

*Christine Wartenberg und Ulrich Karlkurt Köhler ließen sich von Kokoschka zu diesen „Penthesilea"-Blättern anregen. Oben:* **Penthesileas Sturz bei der Verfolgung Achills***, unten:* **Penthesilea, noch im Wahnsinn befangen, umarmt den toten Achill.**

Wahrscheinlich zwischen 1806 und 1808 hatte sich Kleist die *Penthesilea von der Brust heruntergehustet* (Kleist an Wieland 1807). Das Trauerspiel wurde von der Öffentlichkeit bis in die Moderne hinein abgelehnt. Von klassischer edler Einfalt und stiller Größe war nichts mehr zu spüren. Goethe zeigte sich äußerst befremdet. Peinlich berührt und doch macht es Freude, es zu lesen (Clemens Brentano). Zwiespältig, das Widrigste neben das Schönste gestellt (Ludwig Tieck). Das Unbehagen des deutschen Bildungsbürgertums blieb: *die mänadische Mord-Erotik und Menschenfresserei* sind entsetzlich (Thomas Mann).

Ja, sie sind entsetzlich. Die in Kleists Text radikal vorgeführte Konsequenz von blinder Hörigkeit gegenüber gesellschaftlichen Ordnungen erschrickt uns noch heute. Betroffen machen uns die Gegenwartsbezüge, die sich da auftun. Odysseus beschreibt auf der ersten Seite der Penthesilea das Kampfgeschehen zwischen Griechen und Amazonen: *Tot sinken die Verbißnen heut noch nieder, des einen Zahn im Schlund des anderen.* Präsident Obamas neuer General in Afghanistan, David Petraeus: *Rammt eure Zähne in ihr Fleisch und lasst nicht mehr los...* ( in: *Der Freitag*, 25.11.2010, Die Sprache der Waffen von Jacob Augstein). Zweihundertzwei Jahre nach ihrer Veröffentlichung ist Kleists *Penthesilea*, diese kühne Tragödie mit ihrer klaren Sprache, fragilen Zartheit und sinnlichen Wucht, endgültig bei uns angekommen.

Kleist in seinem Epigramm *Verwahrung zu Penthesilea: Scheltet, ich bitte, mich nicht! Ich machte, beim delphischen Gotte, nur die Verse; die Welt, nahm ich, ihr wißt's, wie sie steht.*

Die Bildhauerin und Grafikerin **Christine Wartenberg**, geboren 1948, studierte an der Kunsthochschule Berlin-Weißensee und lebt seit 1993 in Ortwig im Oderbruch

Der Kupferstecher **Ulrich Karlkurt Köhler**, geboren 1956, arbeitet freiberuflich in Berlin

JAKOB WASSERMANN

# Heinrich von Kleist

*Zum hundertsten Jahrestag seines Todes*

Es mischt sich etwas wie Erstaunen in die Vorstellung, daß Heinrich von Kleist seit hundert Jahren tot ist; denn seine geistige Existenz, insoferne die Nation daran teilhat, begann erst lange Zeit nach seinem Tode. Um die Überlieferung seiner Werke waren nur wenige Freunde bemüht, und die Lexika um 1820 führen noch nicht einmal seinen Namen. Heute gehört er dem Kreis der ewigen Namen an, und es ist belehrend, diesen Prozeß zu verfolgen; er gibt Aufschluß über die Natur des Ruhmes oder dessen, was wir Unsterblichkeit nennen, und die ein Gebilde schafft ebenso folgerichtig in seinem Entstehen, so gesetzmäßig in seinem Wachstum und so überzeugend in seiner Gegenwart wie nur irgend ein Organismus aus Fleisch und Blut.

Kleist ist vielleicht der größte dichterische Genius, den die Deutschen besitzen, das Wort in seinem phänomenalen Sinn verstanden. Wenn eine solche Einschätzung noch nicht allgemeine Giltigkeit erlangt hat, so beweist dies nur, daß sein Stern noch nicht den Zenit erreicht hat; irdischer Stoff muß vom Firmament aufgezehrt werden, ehe er als himmlischer in Erscheinung tritt.

Man könnte unter den Gestalten schaffenden Dichtern folgende Rangordnung aufstellen: Die vom ersten Grad halten ein Individuum fest und übertragen es in höchster, durch Kunst und Seherkraft gesteigerter Lebendigkeit in ihren Bezirk; die vom zweiten Grad summieren – unbewußt natürlich, vermittelst einer zusammenfassenden Fähigkeit des Geistes – eine ganze Reihe von Individuen und schmelzen sie zum Typus um; die vom dritten Grad endlich, die von homerischer und shakespearischer Prägung, individualisieren den so in ihnen entstandenen Typus neuerdings, so daß ein Einzelner, die eigentümlich umgrenzte „Gestalt", als Repräsentant eines ganzen Lebenskreises, ja eines ganzen Volkes auftritt und durch eine entscheidende Illusion Idee und Persönlichkeit, Welt und Figur identisch werden.

Ein Dichter von diesem dritten Grad war Kleist. Er gehört zu den großen Notwendigen der Menschheit. Er gehört zu denen, die aus dem chaotischen Material des Lebens eherne und giltige Formen schweißen. Seine vollkommenen Werke haben jenen Charakter der Anonymität, der allen außerordentlichen Kunstgebilden eigen ist. Zählt nicht Michael Kohlhaas schon zu den über unserer niederen Welt wandelnden Halbgöttern, den Leidenschaftlichen, Besessenen und Unvergeßlichen – wie Odysseus und Don Quijote? Doch haben die Kleist'schen Gestalten ein Unterscheidendes: die Luft, in der sie atmen, ist kälter, und das Herz, das sie dem Schicksal entgegensetzen, schlägt ungestümer; es ist, als ob ihr Schöpfer sie noch nicht völlig freigegeben hätte und als ob er, um sich gleichwohl sichtbar und selbständig zu machen, sie um so weiter hätte distanzieren müssen. Deshalb wirken sie bisweilen fremd und objektiv zwiespältig; in allem Vorgangshaften modernem Empfinden genähert, sind sie in der Darstellung durch den hinstürmenden Rhythmus, die Engmaschigkeit einer beispiellos sachlichen Diktion, die Gebundenheit einer harten, unsentimentalen Dialektik ihm wieder entrückt. Die Verwandlung des Gefühlsfeuers in die gefrorene Ruhe des bleibenden Bildes geschieht gleichsam in einem Prozeß von äußerster Gewaltsamkeit. Nie zuvor hat ein Dichter in so jungen Jahren eine solche Monumentalität des Stils erreicht. Es ist rätselhaft, beinahe als physische Arbeitsleistung rätselhaft, wie in einem Zeitraum von wenig mehr als einem Lustrum zehn unvergängliche Meisterwerke geschaffen werden konnten. Welch einen menschlichen Reichtum setzt dies voraus, welche aufgesammelte Glut, welche Vehemenz und drängende Qual der Visionen! Ich bin überzeugt davon, daß im tiefen Urgrund der Seele Kleists ein Wissen um den frühen Tod war; nicht Stimmen in der Nacht und im Traum werden ihn beunruhigt haben, keine geisterhafte Ahnung, die das Tempo seines Daseins beschleunigte, all das wäre schon zu irdisch, zu roh, zu rationalistisch gedacht; wohl aber war in seiner Brust der Schmerz um das Unvollendete, die Trauer um ein Schicksal von unbekannter tragischer Bedeutung, und sein Geist war stets erfüllt von einer seltsamen, übersinnlichen Todesbereitschaft. Es gibt ein Porträt von ihm, wo seine Augen, aus edel gehobenem Kopf zur Seite schauend, einen Blick schwermütiger Erfahrung zeigen, einen Blick, der gewohnt ist, die innere Finsternis zu durchleuchten, und in dem etwas wie Grauen und Gehetztsein liegt. So denk ich ihn, schaudernd und gehetzt, zugleich ergeben und besonnen, mit einer reinen Stirn, mit einem reinen Herzen, beseelt von dem wunderbaren Ernst des Schaffens, der die Religion eines Künstlers ist.

Unsere Kenntnis von Kleists privatem Leben ist dürftig; auch die Forschungen und Funde der letzten Jahrzehnte haben nicht dazu gedient, einige merkwürdige Handlungen zu erklären, einige dunkle Beziehungen aufzuhellen. Ich kann mich nicht entschließen, dies zu beklagen; ich empfinde es als eine schöne Möglichkeit, daß dieses Dasein einst in Sage und Mythos hinüberdämmern wird. Heinrich von Kleist war eine jener Naturen, die dem Schicksal so nahe sind, wie etwa ein Tier dem Wetter nahe ist. Er lebt ohne Spiegel. Sein einziger Spiegel ist die Welt. Er lebt ohne Eitelkeit gleich einem Dämon; denn Dämonen sind nicht eitel. Er ist sich ein Chaos, und unmöglich ist es ihm, sich in die Ordnung der Dinge und der Menschen zu fügen: Er spürt sich nur wie ein Werkzeug in einer Faust, der er widerstrebt. Der geheimnisvolle Imperativ, unter dem sein Geist erzittert, wird ihm nur mühsam verständlich; unter Zuckungen und Qualen gehorcht er. Wäre mehr vom Literaten in ihm gewesen, so hätte er den Genius nicht so wunderlich mißverstehen können, wäre nicht der unbekannten Leidenschaft in der eigenen Brust zum Spielball geworden. Der Literat weiß immer, was er will, sein Tun ist viel mehr an den Spiegel als an das transzendentale Gesetz gebunden. In Kleist jedoch wirkte der elementare Schöpfertrieb, und darauf beruht die ungeheure Wahrheit und erschreckende Wucht, mit der die Erscheinungen auf ihn einstürmen. So mußte er zum Sklaven des Lebens werden, und ist es nicht herrlich und bedrückend zugleich, daß die großen Künstler Sklaven des Lebens sind, einer Gewalt wehrlos Hingeworfene, deren Herr sie zu sein glauben?

Er war unbestimmbar in seinen Entschlüssen; in seinen Neigungen jäh und launenhaft. Er konnte Pädagog sein, wo er liebte, und Phantast, wo er sich wissenschaftlich betätigte. Ein Zug von sittlicher Orthodoxie kennzeichnet alle seine Handlungen und steigert ihn oft zu einem Fanatismus, der ihn grausam und rücksichtslos macht. Jünger Rousseaus und Schüler Kants, mystischen und rationalistischen Einflüssen mit gleicher Inbrunst hingegeben, steht er, preußischer Junker und Offizier, in einer aufgewühlten Zeit, in der ehrwürdige Traditionen stürzen und klassische Ideale der romantischen Willkür überliefert werden. Ihn erfüllt dies alles; es erweckt, berauscht, bewegt ihn. Er will nicht beiseite schleichen, im Krieg der Geister nicht und in dem der Nationen nicht; es treibt ihn bald nach dieser Richtung, bald nach der entgegengesetzten; er entfremdet sich seiner Familie, seinen Standesgenossen, seinem Vaterland, irrt von Kreuzweg zu Kreuzweg, sieht sich an jedem weniger orientiert, verläßt den Staatsdienst, sucht ihn wieder, verzweifelt an Frauenliebe und hängt sich mit aller Glut seines überströmend reichen Innern, mit der maßlosen Forderung dessen, dem Enttäuschung zum Fatum wird, an Freunde, sinkt in Not und kämpft mit dem Wahnsinn, wird politischer Journalist und antichambriert bei Ministern und im Kabinett des Königs, scheitert an

Feigheit und Kabale, und nun, von allen, selbst von der treuen Schwester verlassen, im Mark seines Lebens längst tödlich verwundet, wählt er den freiwilligen Tod in Gemeinschaft mit einer Frau, deren zweifelhafter Charakter die Tragik dieses Endes trüben und verzerren muß.

Sonderbar zu vermuten, daß ihm Henriette Vogel nur eine Figur gewesen, nur die Repräsentantin einer Idee; die Begleiterin zum Tode, nichts weiter. Vielleicht sah er nicht einmal eine andere in ihr, eine, die er liebte und die zu fest im Leben verwurzelt war, als daß er sie hätte herausreißen können; vielleicht war sie ihm gar nicht die Verlorene, die er der Welt nicht raubte, weil die Welt nichts an ihr besaß; vielleicht war sie ihm nur die Gefährtin, die ihm den Akt des Sterbens dialogisch erhöhte und sinnlich erleichterte. Vertieft man sich in die Kleistsche Empfindungsart, so hat ein solcher Gedanke nichts Außerordentliches mehr; wenn ein so großes Herz an den Menschen müde geworden ist und sie verworfen hat, büßt der einzelne die Realität ein und wird ein kristallen-durchsichtiges, fast seelenloses Bild der Menschheit.

So wie das Problematische und Geheimnisvolle in Kleists Persönlichkeit den Seelenforscher, mag die Gewalt und Tiefe der Dichtungen den Literaturkritiker zur Darstellung und Analyse reizen. In vortrefflicher Art geschieht beides in Otto Brahms vor einem Vierteljahrhundert erschienenem, damals preisgekröntem und jetzt in neuer Fassung herausgegebenem „Leben Heinrichs von Kleist". Schon eine oberflächliche Vergleichung der neuen Form mit jener älteren läßt keinen Zweifel darüber, daß der Autor sein Thema bedeutend tiefer gefaßt hat; seine eigene Entwicklung dokumentiert sich in der Art, wie er den gemütischen Gehalt des Buches bereichert hat. Akademische Gelassenheit und die Präzision einer bewährten Methode verbergen seinen herzlichen Anteil keineswegs, und der Enthusiasmus, den der Gegenstand wie kein anderer fordert, glüht unter der Decke einer kühlen Objektivität, wodurch eine vertrauensvolle Spannung hervorgebracht ist, die sich schließlich in Ergriffenheit löst. Diese Objektivität hat jedoch nichts mit Pedanterie gemein; bisweilen verrät eine witzige oder ironische Wendung den geistreich überlegenen Mann, und jedes Urteil zeugt von Welterfahrung und profunder Bildung.

Brahm hat von Kleist gelernt; er spricht wenig; er gestaltet. Er führt mit fester und milder Hand; sein Auge hat etwas von der Unerbittlichkeit im Auge eines gütigen Arztes. Ungeachtet der genauen, ja minutiösen Schilderung finden wir uns niemals im Verhältnis falscher Intimität zum Stoff, eine schriftstellerische Tugend, die in einer Zeit der aufdringlichen Psychologie gar nicht genug zu rühmen ist und welche Vornehmheit und Delikatesse voraussetzt. In diesem wie in jedem guten Buch lernt man die Beziehungen durchschauen, die zwischen dem Verhängnis und dem Menschenwillen geknüpft sind. Aus dem Schicksal wird das Werk geboren; was du leidest, macht dich groß, was dich kettet, stark, scheint jede Zeile zu rufen; ans Ziel gelangen heißt der inneren Stimme bis zur Selbstaufopferung gehorchen und eine Einsamkeit auf sich nehmen, von welcher der Bewohner der geistigen Niederungen nichts zu ahnen vermag. Indem Brahm alle Umstände, Verwicklungen und Kämpfe der Kleistschen Existenz mit wohlmotivierter Gründlichkeit enthüllt, scheint er gleichsam beweisen zu wollen, daß die Perle die Krankheit der Muschel sei, wenn inmitten der beispiellosen Leiden jene Dichtungen entstehen, die den Stempel der Originalität und der unbedingten Notwendigkeit tragen. Die Brahmsche Art ist zumeist auf Umschreibung gestellt, und innerhalb eines diskreten Kontors bleibt Raum für die Hypothese wie für phantasievolle Deutung. Mit natürlicher Freiheit, doch in jeder Phase zwingend beglaubigt, wird der Zusammenhang zwischen Erlebnis und Dichtung nachgewiesen, der bei Kleist inniger ist als bei irgendeinem andern Künstler; so gehört auch das zerstörende und vergebliche Ringen um das „Guiskard"-Drama zu den erschütterndsten Kapiteln der menschlichen Geistesgeschichte. Brahm gibt auch der Kunst eine höhere Lebensbedeutung, als sie sonst im Bewußtsein des Fachgelehrten besitzt; er ist von ihrer unwandelbaren, von ihrer mythischen Kraft durchdrungen, und deshalb ist er imstande, am Einzelnen und Kleinen ohne doktrinären Eigensinn die Größe des Ganzen nachzuweisen. Besonders der Erzähler Kleist wird mit frappanter Eindringlichkeit charakterisiert, und Schöpfungen wie „Die Marquise von O...", „Das Erdbeben in Chili" oder die Reiteranekdote, diese köstlichen Juwelen novellistischer Kunst, die in keiner Zeit und Literatur ihresgleichen haben, werden mit gebührendem Ernst untersucht. Daß Brahm, um die dramatische Diktion auf dem Höhepunkt von Kleists Schaffen, jene „eigentümliche Mischung von Schwung und Prosa" oder, wie ich es nennen möchte, von Pathos und Trockenheit zu kennzeichnen, die rhythmisch wunderbar starken und belebten Verse aus dem „Prinzen von Homburg" zitiert:

„Und wenn er mir in diesem Augenblick
Wie die Antike starr entgegenkommt,
Tut er mir leid, und ich muß ihn bedauern",

beweist mehr Kunstverständnis als langatmige Erklärungen. Dies ist Kennerart, und für den Kenner ist es Freude, doch vieles in diesem schönen und klugen Buch wendet sich an den Leser schlechthin, und sein bester Vorzug ist, daß es auch der naiven Anschauung die Welt Kleistscher Gestalten nicht klitterisch erniedrigt; sie bleiben alle in ihrer reinen und hohen Sphäre, von keinem Überwitz berührt, durch keine Deutelei verkleinert: der gewaltige Normannenkönig, der plumpe Dorfrichter Adam, Alkmene, die in der Untreue Treue, Penthesilea, die weißgewordene Flamme, das zärtliche Käthchen, Hermann, der Befreier, Homburg, der Held, der vor dem Tod nach Menschenweise zittert – ein solcher Dichter ist ein Gott; er schafft Kreaturen nach seinem Ebenbild, und nicht ihr Tun, wohl aber ihre Geschicke offenbaren die Rätsel des Lebens.

*Aus „Schriftsteller über Kleist", mit freundlicher Genehmigung des Aufbau-Verlages*

**Jakob Wassermann** (1873–1934) war ein deutscher Schriftsteller jüdischen Glaubens, eines seiner besten Prosa-Werke heißt „Der Fall Maurizius „(1928). Dieser Aufsatz erschien am 21. November 1911 in der Wiener „Neuen Freien Presse". Das Buch „Heinrich von Kleist" von Otto Brahm (1856–1912), auf das sich Wassermann hier mehrfach bezieht, war 1884 herausgekommen.

GERHARD WIENCKOWSKI

# Er stößt ans Universum

Zuweilen glaube ich, der Kohlhaas ist Kleist selber, der Kohlhaas hat den Kleist auf den Weg geschickt, um mit durchdringender Kraft die Konflikte in ihrer bedrohlichen Wahrheit lebendig werden zu lassen.

Rudolf Loch, der Ende der 1960er-Jahre die Kleist-Gedenk- und Forschungsstätte in Frankfurt (Oder) aufbaute und bis 1994 ihr Direktor war, hat meine künstlerische Auseinandersetzung mit Heinrich von Kleist wohl endgültig angeregt. Natürlich habe ich Kleist schon vorher gelesen. Mich berührte seine radikale Leidenschaft, die so grundsätzlich ist bei ihm. Rudolf Loch fragte bei verschiedenen Künstlern an, ob sie im Auftrage des Hauses die Kleist-Rezeption auf ihre Art bereichern mochten. Einige Künstler, unteren anderem Joachim John, Núria Quevedo, Werner Stötzer, Wieland Förster, folgten seinem Aufruf. Ich sandte ein Kleist-Porträt und Lithografien zu „Familie Schroffenstein", „Marquise von O..." und „Der Zweikampf" an Rudolf Loch, der übrigens 2003 eine bemerkenswerte Kleist-Biografie vorlegte. Seitdem schuf ich mehr als 50 Blätter zu Werken des Dichters.

Meine Nähe zur Heinrich von Kleist hält an. Seine unbedingte Achtung des Menschen, die Dimension und Intensität seines Erlebens inspirieren meine Arbeiten. Aus seinen Sprachbildern drängen Vergleiche mit Situationen in der Gegenwart – wie bei Shakespeare. Verspiegelte Wahrheitsverhältnisse – Metamorphosen – sind die Grundlage von Kunstwerken. Übertreibung oder Abschwächung sind nötig, um den Konflikt zu verdeutlichen. Kunst trägt das Streben nach dem Idealen in sich, das ist auch bei Kleist so. Umso radikaler sind seine Offenbarungen über desaströse Machtkonstellationen, von denen der Mensch bedroht ist. Immer aufs Neue. Wie verstörend mag diese fortwährende Gegenwartsbezogenheit in seiner Zeit gewirkt haben! Und wie schreckt sie heute!

Man wird nicht fertig mit Kleist, weil sich immer wieder neue Geheimnisse, immer wieder neue Refugien auftun. Auseinandersetzungen, die man einst bedenkenlos begonnen hat, in einer Zeit persönlicher Entdeckungen, erhalten später ein anderes Verhältnis, geprägt von den philosophischen Gegensätzlichkeiten der sich entwickelnden Wirklichkeit. Deshalb sehe ich in dem Kopf „J. W." heute einen Schicksalsmenschen, eine Versinnbildlichung des vom Leben gezeichneten Kleist.

*Gerhard Wienckowski*, **Kopf „J.W."**,
*Aquarell, o.J., 32,6 x 25,6 Zentimeter*

Ich sehe in dem Kopf die Hintergründigkeit der Kleistschen Giganten. Sie berühren das immer Wiederkehrende zwischen den Menschen – Liebe, Neid, Habgier, Seeligkeit. Sie berühren die Abgründe im Innersten eines Menschen, berühren den Augenblick, in dem aus Zuversichtsdenken Zweckoptimismus wird, wenn man mehr will als im Sinne von Vermehrung, wenn das grenzenlose Streben nach Mehr und damit auch Macht unter dem Vorwand der Benachteiligung ins Desaster führt. Unter anderem in seiner gut recherchierten Kriminalgeschichte „Der Zweikampf" findet sich die Verwegenheit der Machtobrigkeit, die Bloßlegung zwielichtig-moralischer Verhältnisse. Doch ist nicht jeder Mensch anfällig dafür? Meine Arbeit „Graf Jakob der Rotbart" ist in der Auseinandersetzung mit solchen Fragen, die Kleist auf eindringliche Art in seinen Stücken in die Welt hineinruft, entstanden. Kleist stößt damit ans Universum. Welch schöne Ungeheuerlichkeit!

**Gerhard Wienckowski**, Maler und Grafiker, geboren 1935 in Fürstenwalde, studierte an der Fachschule für Angewandte Kunst Potsdam und an der Hochschule für Bildende Künste Dresden. Er lebt und arbeitet in Eberswalde, Arbeiten von ihm besitzen unter anderem das Kupferstichkabinett der Staatlichen Museen zu Berlin, das Kleist-Museum Frankfurt (Oder), das Museum der Bildenden Künste Leipzig, das Staatliche Museum Schwerin und die Staatlichen Kunstsammlungen Targoviste/Bulgarien.

BARBARA WILK-MINCU

# Eine Lebensaufgabe

Zuerst bin ich Kleist in seinem Werk begegnet, durch meinen Vater, der Schriftsteller war. Kleist war ihm ein vertrautes Vorbild. Die Person Kleists war mir damals noch nicht begreiflich. Viel später kam eine Annäherung an ihn bei der Berliner Ausstellung zu Kleists 200. Geburtstag 1977, an der ich mitwirken durfte. Er bekam in meinen Vorstellungen konkretere Konturen, ich war beeindruckt durch seine dichterische Leistung und berührt von seinem Schicksal. Für mich war er aber kein Held oder Märtyrer, der auf hohem Sockel steht. Immerhin hat die Nachwelt ihm Erinnerungsstätten geschaffen: in Berlin und Potsdam und natürlich in Frankfurt (Oder) und Dresden und Thun begegnet man ihnen. Seine Zeitgenossen jedoch verweigerten seiner dichterischen Modernität die Anerkennung, die erst sehr viel später kommen sollte. Als Kunsthistorikerin habe ich die Freude, die Wirkungen der Ideen Kleists auf Hunderte von Künstlern, Malern, Bildhauern, Grafikern, die seine Werke illustriert und ihn porträtiert haben, zu untersuchen. Ihre so unendlich unterschiedliche Sicht auf Kleist und seine Werke wurde für mich faszinierend, geradezu meine Lebensaufgabe. Dadurch lernte ich aber auch Kleist als Person immer besser kennen, seinen Lebenslauf, seine unstete Lebensweise, sein Ringen um dichterische Anerkennung, seine finanziellen Probleme, seine vergebliche Suche nach der idealen Frau, die Steine, die ihm in den Weg gelegt wurden, sein Kämpfen um ein Preußen, das sich endlich mutig Napoleon entgegenstellen sollte, und seinen Selbstmord, zwei Jahre, bevor dieser Traum in Erfüllung ging. Leider folgten nach Kleists Tod Zeiten der Missverständnisse und Fehlinterpretationen, ein Dichter-Mythos, der ihn zu einem realitätsfernen Dulder und genialen Helden machte, Psychoanalytiker, die ihn für sexuell pathologisch erklärten, und zwei Ideologien, die ihn teils ablehnten, teils für sich vereinnahmten. All das möchte ich zumindest hinter mir lassen und Kleist wieder in seiner Gesamtheit und auch in seinen Menschlichkeiten erfahren und darstellen.

Die Kunsthistorikerin **Barbara Wilk-Mincu** wurde 1939 in Berlin geboren. Sie wirkte 1977 an der Gestaltung der großen Kleistausstellung in der Berliner Staatsbibliothek mit und arbeitet an einem kommentierten Katalog aller Kunstwerke zu Kleist.

HEINRICH ZSCHOKKE

# Erinnerung an Kleist

Unter zahlreichen, lieben Bekannten, deren Umgang den Winter mir verschönte, befanden sich zwei junge Männer meines Alters, denen ich mich am liebsten hingab. Sie atmeten fast einzig für die Kunst des Schönen, für Poesie, Literatur und schriftstellerische Glorie. Der eine von ihnen, Ludwig Wieland, Sohn des Dichters, gefiel mir durch Humor und sarkastischen Witz, den ein Mienenspiel begleitete, welches auch Milzsüchtige zum Lachen getrieben hätte. Verwandter fühl ich mich dem andern, wegen seines gemütlichen, zuweilen schwärmerischen, träumerischen Wesens, worin sich immerdar der reinste Seelenadel offenbarte. Es war Heinrich von Kleist. Beide gewahrten in mir einen wahren Hyperboreer, der von der neuesten poetischen Schule Deutschlands kein Wort wußte. Goethe hieß ihr Abgott; nach ihm standen Schlegel und Tieck am höchsten, von denen ich bisher kaum mehr als den Namen kannte. Sie machten mir's zur Todsünde, als ich ehrlich bekannte, daß ich Goethes Kunstgewandtheit und Talentgröße mit Bewunderung anstaunen, aber Schillern mehr denn bewundern, daß ich ihn lieben müsse, weil sein Sang, naturwahr, aus der Tiefe deutschen Gemütes, begeisternd ans Herz der Hörer, nicht nur ans kunstrichternde Ohr, schlage. Wieland wollte sogar den Sänger des „Oberon", seinen Vater, nicht mehr Dichter heißen. Das gab unter uns manchen ergötzlichen Streit.

Zuweilen teilten wir uns auch freigebig von eignen poetischen Schöpfungen mit, was natürlich zu neckischen Glossen und Witzspielen den ergiebigsten Stoff lieferte. Als uns Kleist eines Tages sein Trauerspiel „Die Familie Schroffenstein" vorlas, ward im letzten Akt das allseitige Gelächter der Zuhörerschaft, wie auch des Dichters, so stürmisch und endlos, daß, bis zu seiner letzten Mordszene zu gelangen, Unmöglichkeit wurde. Wir vereinten uns auch, wie Virgils Hirten, zum poetischen Wettkampf. In meinem Zimmer hing ein französischer Kupferstich, „La cruche cassée". In den Figuren desselben glaubten wir ein trauriges Liebespärchen, eine keifende Mutter mit einem zerbrochenen Majolika-Kruge und einen großnasigen Richter zu erkennen. Für Wieland sollte dies Aufgabe zu einer Satire, für Kleist zu einem Lustspiele, für mich zu einer Erzählung werden. – Kleists „Zerbrochner Krug" hat den Preis davongetragen.

Kleist verlebte noch einen schönen Sommer an den Ufern des Thuner Sees, wo er ein kleines Landhaus gemietet hatte, bis er mit seiner Schwester, die er nach Genua begleiten sollte, im Herbst die Schweiz verließ.

*Aus „Schriftsteller über Kleist", mit freundlicher Genehmigung des Aufbau-Verlages*

**Johann Heinrich Daniel Zschokke** (1771–1848) war zu seiner Zeit einer der meistgelesenen deutschsprachigen Schriftsteller. Außerdem machte er sich verdient durch Forschungen zur Geschichte der Schweiz und Bayerns. 1814 erschien eine seiner bekanntesten Erzählungen, „Hans Dampf in allen Gassen".

# *Anhang*

## Bildnachweise

Titelblatt: Mario Schrötz, nach einer Zeichnung von Karl Bauer; S. 11, 18, 26, 49, 76, 89, 143 Kleist-Museum Frankfurt (Oder); S. 9 dapd; S. 13, 15, 17, 28, 31, 50, 58, 69, 74, 80, 82, 84, 100, 104, 105, 108, 110, 114, 115, 128, 130, 131, 134, 140, 141 privat; S.16, 31, 55 MOZ-Archiv; S.22 Karoline Bofinger, S. 34 Schiler-Verlag; S. 47 Privat-Archiv Wieland Förster; S.38, 46, 71, 106 dpa; S. 40, 47, 48, 56, 93, 139 MOZ/Dietmar Horn; S. 41, 119 Michael Benk; S. 50, 110 MOZ/Silvia Fichtner; S. 57 CTK; S. 58 Frank Wegener; S. 60 Cinetext Bildarchiv; S. 62 Winfried Mausolf; S. 67 Christiane Hausmann; S. 83 Jean-Paul Rabe; S. 89 Ostseezeitung/Martina Plothe, S. 92 Alexander Rüsche; S. 96 Joachim Fieguth; S. 103 Udo Krause; S. 116, 117 Galerie Zeisler; S. 53, 78, 87, 125 aus Eberhard Siebert: Heinrich von Kleist - Eine Bildbiographie, erschienen im Kleist-Archiv Sembdner, Heilbronn. 48 Euro, mit freundlicher Genehmigung des KLAS.

## Wir danken für die freundliche Unterstützung:

allen Autoren und Fotografen,
dem Kleist-Museum Frankfurt (Oder),
der Berliner Galerie Anke Zeisler,
dem Kleist-Archiv Sembdner
und dem Aufbau-Verlag.

Einige Texte in diesem Buch entstanden unter Mitwirkung von Ulrike Buchmann, Silvia Fichtner, Anja Hamm, Peter Liebers und Stephanie Lubasch.

Der Band „Schriftsteller über Kleist" erschien im Aufbau-Verlag Berlin und Weimar 1976; in den übernommenen Texten wurde die alte Rechtschreibung beibehalten.